법은 얼마나 정의로운가

한스미디어

법과 정의에 대한 19가지 근원적 질문들

법은 얼마나
정의로운가

폴커 키츠 지음 ● 배명자 옮김

한스미디어

이 책에 소개된 한 사례의
주인공이셨던 나의 어머니.

어머니는 우리가 세상을 바꿀 수
있음을 보여 주셨다.

하지만 안타깝게도 너무 일찍
돌아가셨다.

격동의 시대일수록 서로에게 정의롭기를 바라며

한국 독자 여러분, 안녕하십니까!

제 책을 재밌게 읽는다니 매우 감사하고 감격스럽습니다. 독일에서 쓴 제 글이 한국의 수많은 가정과 가족 그리고 삶에도 영향을 미칠 수 있어 매우 기쁩니다.

저마다 다른 인생을 살고 국가 역시 모두 다릅니다. 그러나 우리는 모두가 비슷비슷 한 방식으로 살아갑니다. 그리고 최근 몇 년 전부터 우리는 전 세계적으로 혼란스러운 시기를 겪고 있습니다. 어떻게 해야 다른 사람들과 잘 지낼 수 있을까? 특히 격동의 시대에 많이 묻게 되는 질문입니다. 상황이 어려울수록 자기 자신만 생각하는 유혹에 빠지기 쉽습니다. 물론, 자신의 욕구와 필요를 잊지 않는 것 역시 중요합니다. 그러나 '서로에게 정의로울 때' 비로소 우리는 서로 잘 지낼 수 있습니다. 내가 상대방이라면 지금 무엇을 원할까? 나는 어떤 대우를 받고 싶은가? 양측 모두에게 최선의 기회를 마련하는 규정은 어떻게 찾을 수 있을까? 이런 질문을 자기 자신에게 던지는 것이 바로 정의의 본질입니다. 혼란스러운 격동의 시대에도 우리는 시간을 내서 이런 질문을 숙고해야 합니다.

한국인들은 특히 지적 호기심이 많고 책을 즐겨 읽는 것으로 유명합니다. 정말 멋진 일입니다! 변치 말고 계속 그렇게 하시길 바랍니다. 독서는 우리를 즐겁게 할 뿐만 아니라, 우리의 삶도 변화시킬 수 있습니다. 이 책에 실린 몇몇 사례들은 마치 지어낸 얘기처럼 들리겠지만, 모두 실제 있었던 일입니다. 사례 속 사람들은 종종 절박한 상황에 놓였지만, 맞서 싸웠고 결국 해결책을 찾아냈습니다. 여러분 모두가 각 사례에서 자기 자신을 발견하고, 자신의 삶이나 의문점과 연결된 무언가를 발견하게 될 것입니다. 저는 여러분이 해답도 찾아낼 수 있도록 돕고 싶습니다. 저는 사람들이 정의를 위해 싸우고, 모든 사람을 공정하게 대하며, 누구도 배제하지 않도록 격려하고자 이 책을 썼습니다.

　저는 독자의 의견을 듣는 것이 늘 기쁩니다. 한국 독자들도 제게 편지를 많이 보내면 좋겠습니다. 친구와 주변인들에게 이 책을 소개하고 추천해주시기 바랍니다.

　혹여 우리가 직접 만날 날이 있을지 누가 알겠습니까? 저는 독일뿐 아니라 다른 여러 국가에서도 강연을 많이 하니까요. 저에 대한 신뢰를 버리지 말아 주십시오. 저 역시 여러분을 계속 신뢰하겠습니다!

　감사합니다. 항상 건강하고 늘 행복하시길 빕니다. 그리고 무엇보다 정의롭기를!

　　　　　　　　　　　　　　　　　　폴커 키츠 드림

법의 결말은 절대 열려 있어선 안 된다

철학자와 법학자 그리고 와인

"시작하십시오."

한 줄기 바람이 강의실을 훑고 지나갔다. 책상 앞에 앉은 200명의 학생들이 일제히 시험지를 뒤집었다. 법학과 1학년 1학기 첫 시험. 똑딱똑딱 시간이 흘렀다. 시험지에는 소송 사례가 적혀 있다.

한 여자가 밤에 아기를 낳았다. 그런데 문제가 생겼다. 출혈이 심해 서둘러 병원에 가야 했던 것. 그러나 신앙심 깊은 남편은 아내를 병원으로 데려가는 대신, "믿고 구하는 기도는 앓는 사람을 낫게 할 것입니다"라는 성경 구절을 믿고 치유 기도를 올렸다. 결국 여자는 죽었다. 남편은 감옥에 가야 할까?

나는 찬찬히 따져 보았다. 당연히 정해진 답은 없다. 판결이 명확한 사건은 법학과 시험에 절대 나오지 않는다. 시험에 나오는 사건은 판결이 어려울 수밖에 없다. "정해진 답은 없다." 우리들 머릿속에 각인된 명제다. 법원조차도 같은 사건을 다르게 판결한다. 원고와 피고의 주장이 얼마나 설득력 있게 들리느냐에 따라 판결이 달라진다.

검사가 주장할 남편의 죄는 무엇일까? 인간은 서로에게 책임이 있고 배우자에 대한 책임은 더욱 크다. 남편이 구급차만 불렀어도 아내는 살 수 있었다. 방조죄가 성립된다. 변호사는 무엇을 근거로 해야 할까? 독일 헌법 제4조 종교의 자유. 모든 국민은 자신의 신앙에 따라 행동할 수 있다. 만약 남편이 치유 기도가 아내에게 최선이라 확신했다면, 그는 자기 기준에서 아내를 위해 최선을 다한 것이다.

유죄일 수도 있고 무죄일 수도 있다. 원고와 피고 양쪽 모두 타당한 근거와 주장이 있다. 나는 두 가지 경우 모두를 답안지에 적었다. 정해진 답은 없으니까. 그리고 답안지를 스테이플러로 찍어 제출했다.

"답안 작성자의 판결은 무엇인가? 유죄인가 무죄인가?" 채점된 답안지를 돌려받았을 때 가장자리에 이렇게 적혀 있었다. 나는 화가 나서 교수를 찾아가 따졌다. "정해진 답은 없다고 누누이 강조하셨잖아요? 그래 놓고 정해진 답이 있는 것처럼 물으시니 정말 황당하네요. 저는 이 사건에서 고려해야 할 모든 내용을 답안지에 썼어요. 어떤 판결을 내릴지는 판사에게 달린 거죠."

교수는 한참 동안 나를 빤히 보다가 말했다. "이 사건은 실제 있었던 일입니다. 여자는 죽었고 남자는 법정에 섰단 말입니다. 법학자와 철학자의 차이가 뭔지 알아요? 철학자는 와인을 마시며 사건에 대해 사색할 수 있어요. 진실을 알아낼 때까지 혹은 와인이 떨어질 때까지. 심지어 결말을 내지 않고 그냥 열어 두어도 됩니다. 정해진 답은 없으니까요. 맞는 말이에요. 이 사건을 맡은 판사 역시 와인을 마시며 사색해도 됩니다. 하지만 철학적인 답을 내놓아선 안 됩니다. 당장 한 사람의 운명을 결정해야 한단 말입니다. 아시겠어요?"

나는 이해했다. 법은 모든 '철학적' 물음을 실질적 물음으로 바꿔 답을 내놓는다. 법은 어떻게든 결말을 내야 하는 연극 차원으로 철학을 끌어올린다. 철학과 달리 법은 어떤 사건도 열린 결말로 둘 수 없다. 사람마다 견해가 다를 수 있는 문제뿐 아니라 학술적으로 불확실한 물음일 때도 어떻게든 결말을 내야 한다. 대마초는 얼마나 해로운가? 동물도 자극을 느끼는가? 아이들은 두 어머니 혹은 두 아버지보다 한 어머니 한 아버지 밑에서 자라야 더 좋을까? 모든 사람이 남성 혹은 여성 하나의 성별만 가질까? 이런 종류의 많은 물음들은 어쩌면 10년 혹은 100년 뒤에 좀 더 명확한 답을 얻을 수 있을지도 모른다. 그러나 '당장' 대마초를 피우다 법정에 선 사람이 있다면, 남성도 여성도 되고 싶지 않은 사람이 있다면 어떻게 해야 할까? 우리는 법치국가에 살고 법과 규칙이 삶의 질서를 세울 거라 믿는다. 법치국가는 답을 가지고 있지 않더라도 어떻게든 답을 내놓아야 한다.

　　대학교 시험은 연습일 뿐이다. 내가 그 사건을 끝까지 판결하지 못하더라도 큰 문제가 되지 않는다. 하지만 그 시험을 계기로, 결말을 절대 열어 두면 안 된다는 것을 나는 배웠다. 우리의 법치국가처럼.

이 책에서 나는 법치국가가 결말을 내는 방법을 조사할 것이다. 당신과 함께 역사 속으로, 사람들을 격앙시키고 국가를 탈진시킨 사건 속으로 여행할 것이다. 평화운동, 베를린장벽의 총격, 인구조사, 할례, '군인은 살인자다'라는 표어, 적군파RAF 테러가 있었던 '독일의 가을'……. 우리는 중요한 논쟁을 따라가며 그것의 현재 의미를 탐지할 것이다. 국가는 흡연을 금지해도 될까? 잊힐 권리가 있을까? 혼인 제도는 모두를 위한 것인가? 여성 할당제는 정당한가? 아이들은 학교에서 어떤 성교육을 받아야 할까? 국가는 죽기를 바라는 국민을 어떻게 대해야 할까?

　이 책은 여러 분야를 돌고 돌다 결국엔 모든 것이 시작된 곳, 개인의 생명에 착륙한다. 모든 사례는 실화이고 결말이 있다.

정의란 무엇인가? 독일연방공화국이 세워진 이래로 이 물음의 답은 자주 바뀌었다. 모든 변화 뒤에는 잘못되었음을 확신했던 누군가가 있었다. 그들은 자신의 확신을 위해 몇 년 혹은 몇십 년을 싸웠다. 이 책에서 읽게 될 그들의 사건이 없었다면 오늘날 독일의 법은 다른 모습일 터이다. 그들은 당신과 나처럼 평범한 사람들이었다. 그렇기 때문에 이 책은 법이 어떻게 생겨났는지뿐만 아니라 그것을 바꿀 수 있는 우리의 힘에 대해서도 다룬다.

당신의 힘을 즐겁게 느껴 보시길!

PS. 치유 기도를 한 남편이 유죄인지 무죄인지 궁금하다면 132쪽 '종교의 자유는 언제나 불가침인가?'를 읽어 보라.

목차

Part 2 | 나란 존재

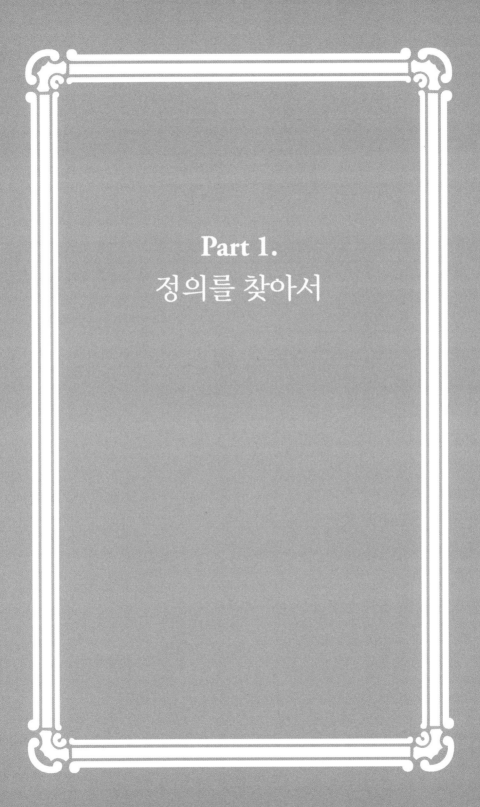

Part 1.
정의를 찾아서

Chapter 1.

국가가 나의 자유를 제한해도 되는가?

취할 권리

여자의 손이 남자의 등을 쓰다듬으며 아래로 더 아래로 내려갔다. 둘은 뺨을 맞댔다. 먼지가 날렸다. 시간이 많지 않았다. 서둘러야 했다. 그리고 보는 눈이 있었다. 린다는 지켜보는 낯선 시선을 느꼈다.

트레이닝 복장의 남자는 죄수처럼 보이지 않는다. 남자는 마약 혐의로 구금된 상태다. 린다는 남자의 엉덩이까지 손을 내려 작은 봉투를 건넸다. 두 사람은 꼼짝하지 않았다. 교도관이 봤을까? 남자는 봉투를 얼른 바지 주머니에 넣었다. 둘은 얘기를 나누었고 남자는 잠시 제 몸을 서툴게 만지작거렸다.

면회가 끝나고 교도관이 남자의 몸을 수색했다. 남자의 오른쪽 양말에서 봉투가 나왔다. 그 봉투 안에서 해시시 1.12그램이 쏟아졌다.

린다 역시 법정에 섰다. 마약 불법 반입죄. 징역 2개월.

린다는 항소했고 재판부를 자기편에 세웠다. 이 사건을 맡은 부장판사는 '도취는 식욕과 성욕처럼 인간의 기본 욕구이고 모든 국민은 취할 권리가 있다'고 생각했다.

그러나 그는 린다에게 무죄를 선고할 수 없었다. 법전에는 그의 견해와 다른 내용이 적혀 있기 때문이다. 대마초는 불법이다. 대마초의 경작, 생산, 거래, 매수, 매각, 공급, 광고, 소유 모두 금지이고 최고 징역 5년에 처할 수 있다. 이 법부터 쓰러트려야 했다. 그래서 그는 이 사건을 가장 높은 곳, 헌법재판소로 보냈다. 헌법재판소는 법원, 정부, 의회가 헌법을 지키는지 감독하는 기관이다.

항소와 상고를 거쳐 대법원에서 패소하더라도 여전히 법원이 기본권을 해쳤다고 믿는 사람은 헌법재판소에 헌법 소원을 낼 수 있다. 판사 역시 어떤 법이 헌법에 위배되어 그 법을 근거로 판결하고 싶지 않을 때 헌법재판소에 문의할 수 있다. 어떤 법률이 무효라고 선언할 수 있는 기관은 헌법재판소뿐이다.

1990년대 초, 린다와 판사의 저항이 순식간에 거대한 파도를 불러일으켰다. 독일 전역의 법원이 마리화나 혹은 해시시 때문에 잡혀온 사람들의 처벌을 거부한 것이다. 홀츠민덴에서 한 남자가 50마르크에 '평화의 담배'를 구매하다 잡혔다. 슈투트가르트에서는 경찰이 해시시 3그램을 소지한 여자를 검거했다. 프랑크푸르트에서 마약견이 공항을 수색했다. 이를 두고 전국의 판사들이 곳곳에서 주장했다. 국가가 국민의 삶을 과도하게 통제하고 있다. 이들에게 무죄를 판결하자. 이들을 헌법재판소로 보내자. 국가의 감독을 끝상내자!

헌법재판소의 후미진 회의실에서는 열띤 토론이 벌어졌다. 지금까지 적용되는 원칙들이 이곳에서 결정되었다. 다음과 같은 물음의 대답들이. 국가가 내게 무언가를 강요해도 되는가? 공공장소에서의 흡연을 막을 권리가 국가에 있는가? 금연을 강제할 권리는? 금주는? 내가 설탕이나 지방을 얼마나 먹어야 하는지 명령할 권리가 국가에 있는가? 한마디로, 나는 자유국가에서 얼마나 자유로운가?

　독일헌법 제2조 1항에 따르면 독일은 틀림없는 자유국가이다. "모든 사람은 각자 자유로이 자신의 인격을 발현할 권리를 가진다." 그렇다면 무엇이 나의 인격을 자유로이 발현하는 것에 속할까? 나의 인격에 영향을 미치는 중대한 일만 여기에 해당될까? 외모, 이름, 성별, 성적 지향? 아니면 샤워를 하면서 노래를 부르는 사소한 일도 해당될까? 의견이 분분했다. 어떤 사람들은 중대한 헌법이 샤워하면서 노래하는 사소한 일까지 보호할 수는 없다고 주장했다.

　한번은 승마를 즐기는 한 남자가 헌법재판소를 찾아왔다. 그가 가장 좋아하는 승마 구간은 아헨의 어떤 숲인데, 이곳에서는 특정 길에서만 말을 탈 수 있었다. 남자는 금지된 길에서도 말을 타고 싶어 소송을 냈다. 거의 10년 동안 항소와 항고를 거쳤지만 모두 패소했다. 이제 그는 헌법재판소의 문을 두드렸고 재판관들은 토론을 시작했다. 이 문제가 과연 헌법소원을 내기에 타당할까? 승마 같은 평범한 일이 헌법에 영향을 미칠 수 있을까?

그러나 헌법재판소는 아무리 사소한 일이라도 전혀 개의치 않는다. 헌법은 "자유로이 자신의 인격을 발현할 권리"를 엄중히 인정한다. 헌법이 제정된 1949년은 축제 분위기였고 숭고한 법전에 감동하여 엔도르핀이 분비되었다. "모든 국민은 하고 싶은 것을 할 수 있고 할 권리가 있다." 이렇게 표현한 발의안도 있었다. 단지 조금 과장되게 표현되었을 뿐, 헌법의 어머니와 아버지가 주장한 것이 바로 이것이라고 헌법재판소는 판결했다. 헌법재판소는 숲에서의 승마도 헌법 제2조의 기본권에 해당한다고 공식적으로 남자에게 확인해 주었다. 이 남자와 그의 승마 욕구는 이 일로 아주 유명해졌다. 1989년이었다.

헌법 제2조는 '일반적 행동 자유권'을 보호한다. 숲에서의 승마, 샤워하면서 노래하기 등 우리가 하는 모든 행동의 자유를 보호한다. 자기를 해치는 행동도 '일반적 행동 자유권'에 속할까? 해를 입고 싶어 하는 사람은 아무도 없으므로 그런 행동을 보호하는 법은 필요치 않다고 주장할 수 있다.

무엇이 해롭고 무엇이 이로운지 어떻게 구별할까? 어떤 사람이 사는 게 너무 힘들어 자살을 했다고 치자. 그는 자기를 해친 걸까? 그는 그렇게 생각하지 않는다. 번지점프, 담배, 술, 해시시 같은 사소한 일로 자기를 해치는 경우를 보면 보다 명확해진다. 무엇이 자신에게 해롭거나 이로운지를 결정하는 것 역시 '일반적 행동 자유권'에 속한다. 무분별하거나 미친 행동도 헌법 제2조의 기본권에 속한다.

아프리카 사바나로 잠시 사파리를 나가 보자. 뜨거운 태양 아래 바람이 덤불숲을 흔든다. 얼룩말 떼가 웅덩이에서 물을 마실 때 암사자가 돌진한다. 암사자는 새끼 얼룩말을 먹잇감으로 골랐다. 새끼 얼룩말의 작고 약한 발굽은 암사자를 방어하기에 역부족이다. 암사자는 새끼 얼룩말의 목덜미를 문다. 암사자는 다른 사자들과 함께 새끼 얼룩말을 뜯어 먹는다. 이때 하이에나가 옆에서 기다리고 있다.

　이런 공존의 법칙을 어떻게 설명할 수 있을까? 모두가 하고 싶은 걸 할 수 있고 할 권리가 있다. 하지만 결국 강자가 이긴다. 그것이 정글의 법칙이다.

　'모두가 하고 싶은 걸 할 수 있고 할 권리가 있다'로 끝내는 법은 정글의 법칙에 불과하다. 그것은 우리가 자랑스러워할 만한 자유가 아니라 인류가 사회적 규칙을 만들기 전, 국가와 법규가 감시하기 전의 원시 상태다. 무법의 원시 상태와 법치국가의 차이점은 행동 자유권을 제한하는 국가권력이 있다는 것이다.

그러나 국가권력이 변덕스러운 독재자처럼 멋대로 권력을 휘두른다면 어떻게 될까? 자신이 해시시를 즐기기 때문에 모든 국민에게도 해시시를 허가한다. 오늘은 숲에서의 승마를 금지하고 내일은 샤워하면서 노래를 부르지 못하게 한다. 그러면 우리는 자유를 누릴 수 없을 터이다.

정글의 법칙과 변덕스러운 독재자 중간의 적당한 곳에 자리를 잡으려면, 다음의 질문에 바르게 답하는 것이 매우 중요하다. 국가권력은 어떤 '조건'에서 우리의 행동 자유권을 제한해도 되는가?

어떤 사람이 고속도로에서 승마를 즐기고 싶어 한다고 가정해 보자. 자동차 운전자들은 고속도로에서 속도 무제한의 자유를 만끽하고자 한다. 고속도로의 소음 때문에 주민들이 괴로워하고 공기가 오염된다. 햄스터가 느릿느릿 도로를 건너고 있다. 국가의 선택지는 한없이 많다. 국가는 자동차 혹은 말의 고속도로 진입을 금지할 수 있다. 자동차가 달리는 길과 말이 달리는 길을 분리할 수도 있다. 저소음 엔진을 법제화하고 속도제한을 도입하거나 방음벽을 설치할 수 있다. 고속도로를 아침에는 말에게, 낮에는 자동차에 개방할 수 있다. 햄스터를 위해 다리를 지을 수도 있다. 또한 국가는 아무것도 안 할 수 있다.

국가의 결정은 국가가 추구하는 목표에 달렸다. 다양한 목표가 있을 수 있다. 말 타는 사람 보호, 말 보호, 자동차 운전자의 편의성 보장, 자동차 산업의 육성 혹은 폐지, 환경보호, 주민의 수면권 보호, 햄스터 보호 등.

모든 목표를 동시에 추구하는 것은 불가능하다. 국가가 어떤 목표를 추구해야 하는지는 헌법에 나와 있지 않다. 우리는 다양한 아이디어가 경쟁하고, 다양한 정당이 다양한 정책을 펼치길 원한다. 어떤 이는 환경을 중시하고 어떤 이는 교육을, 또 어떤 이는 경제를 중시한다. 모든 정부, 모든 정치가 역시 고유한 목표를 추구할 수 있다. 법은 그것을 규제할 수 없다. 헌법 제2조 1항에 적혔듯이 법은 가장 바깥 경계만 정한다. "다른 사람의 권리를 침해하거나 헌법 질서나 윤리에 반하면" 우리의 행동 자유권은 제한될 수 있다. 정치적 목표는 법질서에 반하면 안 된다. 예를 들어 공격 전쟁은 사유재산 폐지나 자유 선거권 폐지와 마찬가지로 합법적인 목표가 아닐 터이다.

국민 건강의 보호는 합법적인 목표다. 국가가 대마초 흡연을 처벌하는 것은 이 목표를 추구하기 때문이다. 그렇다면 국가는 합법적인 목표를 위해 국민의 자유를 어디까지 제한해도 될까? 대답은 명확하다. 정확히 필요한 만큼만 제한해야 한다. 한계선에서 한 발자국도 더 나가선 안 된다. 국가가 이 한계선을 지키고 있는지는 세 가지 조건을 토대로 확인할 수 있다.

첫째, 자유의 제한은 반드시 목표를 이루는 데 타당해야 한다. 국가가 해소하고자 하는 문제가 반드시 존재해야 한다.

존재하지 않는 문제에 대한 해결책은 그 어떤 것도 타당하지 않기 때문이다.

여기서 린다에게로 돌아가 보자. 린다의 편에 선 부장판사는 익명의 협박을 받았다. 그는 경찰에 신변 보호를 신청했다. 바이에른 주의 정치가들이 외쳤다. "정신 나간 판사!" "마약 정책의 압살!" 그러나 많은 이들이 그의 주장에 관심을 보였다. 그는 전국을 돌며 회의실과 강당에서 강연했다.

거리 시위가 일었다. 다름슈타트에서는 500명이 '스모크 인smoke-in' 흡연 집회를 열고 대마초를 피웠다. 여러 도시에서 "해시시!"를 외쳤고 호루라기 소리가 반주를 넣었다. 시위대는 '대마초 합법화!'라고 적힌 피켓을 들고 벽지로 만든 거대한 대마초를 어깨에 메고 행진했다.

헌법재판소에서 재판관들이 비공개로 토론했다. 대마초는 건강에 얼마나 해로운가?

의학과 심리학 분야의 전문가들에게 자문을 구했지만 그들끼리도 서로 모순되었다. 어떤 이들은 대마초가 몸에는 아니지만 정신적으로 중독성이 있다고 주장했다. 대마초를 오래 한 사람은 무감각해지고 우울해지고 망상과 공포증에 시달린다는 것이다. 또 어떤 이들은 어쩌다 한 번씩 대마초를 피우는 것은 전혀 해롭지 않다고 주장했다. 대마초의 합법화가 다른 마약의 합법화까지 이끌게 될 것인가에 대해서도 의견이 분분했다. 정보와 자료가 부정확했다.

이 정도로 인간의 자유를 제한할 수 있을까? 이동통신 전파, 교통 소음, 유전자조작 식료, 간접흡연 등에서도 같은 의문이 제기된다. 장기적으로 어떤 위험이 있는지 학자들도 정확히 말할 수 없을 때가 많다. 확실한 정보와 자료가 나올 때까지 국가는 기다려야 할까? 이런 것들 대부분이 매우 위험하다는 사실이 100년 뒤에 확실해진다면, 그때까지 국가가 국민을 보호하지 않고 그냥 기다린 것은 아주 나쁜 일일 터이다. 불확실한 자료를 근거로 위험을 예측하고 방지책을 마련하는 것은 정치적 책임에 속한다. 그러므로 입법기관은 여지를 허락한다. 위험성이 확실히 배제되지 않은 경우라면 위험 방지책을 써도 된다. 다시 말해 대마초가 건강에 해롭다고 보고 방지책을 쓸 수 있다. 처벌이 동반된 금지는 위험 방지책으로 타당하다.

그러나 이것만으로는 불충분하다. 예를 들어, 시력이 나쁜 운전자가 일으키는 사고로부터 국민을 보호하는 목표를 보자. 시력이 나쁜 사람에게 운전면허증을 주지 않으면 목표를 확실하게 이룰 수 있을 것이다. 그러나 이것은 한계선을 넘은 제한이다.

둘째, 반드시 필요한 경우라야 한다. 같은 효력을 내는 다른 수단이 없어야 한다. 시력이 나쁜 운전자의 예시에서는 다른 수단이 있다. 그들은 운전을 해도 된다. 단, 반드시 안경이나 콘택트렌즈를 착용해야 한다.

대마초 금지보다 대마초 합법화가 자유를 덜 제한하는 방법이다. 그러나 둘의 효력이 같을까? 어떤 이들은 그렇다고 말한다. 금지된 것이 갖는 매력이 사라지고 불법 시장이 붕괴될 것이란다. 그러나 대마초 소비가 줄지는 아무도 모른다. 어쩌면 대마초 흡연이 유행할지도 모른다.

이 점에서도 정보와 자료가 불확실하다. 그러므로 정치적 책임자들은 나름의 판단을 따를 수 있다. 그 대신 최신 정보와 자료에 따라 유연하게 견해를 바꿀 수 있어야 한다. 말하자면 대마초 금지는 시력이 나쁜 운전자들에게 운전을 금지하는 것처럼 완전히 틀린 결정은 아니다. 대마초 금지가 합법화보다 효과적이라는 확실한 근거는 없다. 그러나 그 반대에 대한 근거 역시 없다. 그러므로 국가가 결정해도 된다.

많은 정책들이 목표를 이루는 데 타당하고 반드시 필요하지만 그럼에도 한계선을 넘을 수 있다. 자동차 금지는 교통사고를 막을 수 있고, 가장 효과적으로(100퍼센트) 교통사고를 줄이는 방법일 수 있다. 그러나 자동차 전면 금지는 교통사고를 없애는 대신 무수한 사람들의 생활과 자유를 막대하게 제한한다. 이런 정책은 목표를 탁월하게 이루겠지만 막고자 하는 위험과 균형이 맞지 않다.

그러므로 셋째, 자유의 제한은 그것이 만들어내는 이점과 균형이 맞아야 한다. 그것이 아무리 타당하고 필요할지라도 제한과 유용성을 저울 양쪽에 올려 무게를 비교해 봐야 한다.

대마초 사례를 보자. 대마초를 키우거나 판매하는 사람은 동시대 사람들의 건강을 해친다. 그러므로 저울의 한쪽 접시에 건강을 올린다. 건강은 중대하기 때문에 접시가 크게 아래로 내려간다. 다른 쪽 접시에는 자유의 제한을 올린다. 대마초를 키우거나 판매하지 않고도 우리의 삶은 문제없이 잘 진행된다. 대마초가 아니어도 모두가 자유로이 자신의 인격을 발현할 수 있도록 돕는 식물과 직업이 아주 많다. 자유의 제한은 저울의 기울기를 바꿀 만큼 그렇게 무겁지 않다. 저울은 동시대 사람의 건강 쪽으로 기운다.

혼자 대마초를 키우고 소유한다 해도 다른 사람을 해칠 수 있다. 가방에 대마초가 가득하다면 친구들에게 권할 위험이 늘 도사리고 있다. 보유량이 적을수록 다른 사람과 나눌 확률은 떨어진다. 나만을 위해 아주 소량만 가지고 있을 경우라면 저울의 기울기가 바뀐다. 단지 나를 나로부터 보호하기 위한 형벌로 자유형 5년은 너무 무겁다. 이런 식으로 나의 자유를 제한하는 것은 추구한 목표와 균형이 맞지 않는다.

그리하여 헌법재판소는 1994년에 이렇게 판결했다. 국가는 대마초 사용을 처벌해도 된다. 취할 권리는 없다. 그러나 단지 이따금씩 자기 자신을 위해 소량만 구매하거나 보유하는 것은 처벌할 수 없다.

린다가 변화를 이끌었다. 비록 이 변화가 그녀에게는 도움이 안 되었지만 말이다. 그녀는 자기만을 위해 보유한 것이 아니라 다른 사람에게 전달했기 때문에 처벌을 받아야만 했다. 그러나 이따금 소비하는 수천 명은 이 변화의 혜택을 누리게 되었다. 아헨의 숲 어디에서나 말을 타고 싶었던 남자도 어느 정도의 제한을 받아들여야만 한다. 몇몇 구간은 보행자에게 안전한 산책로를 제공하기 위해 말의 진입이 금지되었다. 이 정도의 금지는 그의 행동 자유권을 크게 해치지 않는다. 헌법재판소 역시 그를 도울 수 없었다.

그러므로 '일반적 행동 자유권'은 샤워를 하면서 노래를 부르는 것까지 아주 많은 것을 포함한다. 그러나 이것은 또한 쉽게 제한될 수 있다. 헌법은 국가에게 가장 합리적이고 정당하고 '올바른' 해결책을 찾으라고 요구하지 않는다. 다만 국가는 너무 과하게 우리의 자유를 제한해선 안 된다. 합법적인 목표를 이루기 위한 모든 정책은 '타당하고 필요하며 균형이 맞아야 한다'. 이것이 국가적 폭력을 막는 '비례의 원칙'이다.

국가는 음주와 흡연을 금지해도 될까? 대마초 금지를 비판하는 사람들은 알코올과 니코틴도 건강을 해친다고 지적한다. 하지만 자동차 운전부터 '냄새로 환각에 빠지게 하는' 본드까지 건강에 해로운 것은 아주 많다. 설탕이나 지방이 많이 함유된 음식도 질병을 유발한다. 물론 이런 위험을 없애는 데는 전면 금지가 언제나 효과적이고 확실한 조처이다.

하지만 그렇기 때문에 오로지 건강의 위험만을 근거로 금지 정책을 써서는 안 된다. 금지가 균형에 맞는지 저울에 올려 봐야 한다. 균형이 맞느냐는 금지가 자유를 얼마나 제한하느냐에 달렸다. 또한 위험한 물건이나 행위가 사회에서 어떤 기능을 하는지도 중요하다. 자동차와 본드는 일상에서 꼭 필요한 물건이다. 담배와 술은 사회적 기능을 가질 만큼 널리 확산되었다. 지방과 설탕은 우리의 미각에 단단히 정박했다. 이런 것들은 사람들이 그 위험성을 신중하게 따지기 전에 벌써 사람들 사이에 깊이 스며드는 '행운'을 가졌다.

사회에 깊이 뿌리내린 것일수록 국가가 그것을 금지하면 자유의 제한이 훨씬 더 무거워진다. 흡연의 전면 금지는 대마초 금지보다 훨씬 더 무겁게 자유를 제한할 것이다. 흡연이 건강에 아주 해롭더라도 자유의 제한과 무게를 비교할 때 대마초 금지와 전혀 다른 결과를 낼 것이다. 그러나 국가는 가령 공익광고 혹은 담배 판매에 제한을 두거나 식당에서의 흡연을 금지함으로써 (아직) 담배를 피우지 않는 사람들이 위험해지지 않도록 보호할 수 있다.

흡연자 수가 감소하여 언젠가 흡연이 예외 현상이 되면, 흡연의 전면 금지가 힘을 얻게 될 것이다. 반대로 대마초의 위험이 완전히 과장되었음이 언젠가 과학적으로 증명된다면, 국가는 대마초 금지를 즉시 철회해야만 할 것이다.

말하자면 오늘 합당한 것이 20년 뒤에 부당할 수 있다. 그리고 그 반대일 수도 있다. 국가가 금지해도 되는 것은 시대정신과 학술적 연구 상태에 달렸다. 그러므로 린다와 그녀의 부장판사처럼 때때로 '이 법이 지금 시대에 맞나?' 하는 의문을 품을 필요가 있다.

그렇다면 이런 의문을 어디까지 품어도 될까? 다음 장에서 만날 사람들이 그것을 시험해 본다.

Chapter 2.

무엇이 폭력인가?

시민의 항명

대형 화물 트럭이 사람들을 향해 달려온다. 그들 뒤에는 'W70'이 있다. 화물 트럭과 W70 사이 도로 위에 그들이 앉아 있다. 긴 머리, 체크무늬 남방, 티셔츠 차림의 남녀 다섯 명. 화물 트럭 운전자는 이미 오래전에 그들을 보았지만 속도를 줄이지 않고 계속 달린다.

다섯 명 역시 그대로 앉아 있다.

화물 트럭은 군용차량이다. 1983년 5월 9일인 그날, 트럭은 삼중 울타리, 탱크 방어벽, 경비 초소 두 개를 지나 특별 탄약고 '골프' 안으로 화물을 운송해야 한다.

바덴뷔르템베르크 주 로이틀링겐 시에서 약 16킬로미터 떨어진 이곳의 두 벙커에 미군의 핵폭탄 탄두 W70이 있다. 이것은 단거리 미사일 '랜스Lance'에 부착되어 위협적으로 중동을 겨눌 것이다. 1979년에 '나토 이중결정'이 임박했을 때,

나토 회원국은 군비를 통제하면서 동시에 안전을 위한 핵무기 배치를 논의했다.

독일에서는 수만 명이 군비 확장에 반대하는 저항운동에 동참하였다. 시위를 하고 단식을 하고 감시하고 기도하고 성명을 발표했다. 하지만 아무 소용이 없었다. 그래서 몇몇이 전략을 바꿨다. 그들은 탄약고 진입로에 앉아 길을 막았다. 그들은 아무도 공격하지 않았고 아무도 해치지 않았다. 경찰에 맞서지도 않았다. 비폭력, 그것이 그들의 제1원칙이었다. 그들은 마하트마 간디와 마틴 루터 킹을 모범으로 삼았고 이 저항을 비폭력 행위로 보았다. 그러나 그들은 폭력적 협박죄로 줄줄이 연행되어 법정에 서고 선고를 받았다.

특별 탄약고 '골프'가 있는 지역은 뮌징겐 지방법원 담당이다. 그곳에서는 지금의 다섯 남녀들처럼 예전에 도로를 막고 앉았던 다른 사람들에 대한 재판이 진행 중이다. 약 300개에 달하는 사건이 연달아 기소되면서 작은 지방법원은 거의 마비 상태가 되었다.

한 대학생이 슈바빙 지역 일간지에 호소문을 냈다.

"시민의 항명 선언: 뮌징겐 소송에 겁먹지 않았음을 보이기 위해 우리는 5월 9일 비폭력 농성으로 그로스엥스팅겐의 핵무기 저장고의 진입로를 막을 것입니다. 뜻을 같이할 많은 사람들의 동참을 호소합니다."

약 40명이 호소에 응답했다. 그들은 조를 짜서 교대로 도로에 앉아 진입로를 막았고 나머지 사람들은 길가에 서서 그들을 응원했다. 그들은 이제 핵무기에 반대하는 동시에 비폭력 시위를 처벌하는 국가에도 저항한다.

트럭이 20미터 앞까지 다가왔다. 운전자는 속도를 늦추지 않았다.

지금까지 도로를 점거했던 사람들에 대한 처벌에는 이른바 '래플레 판결'이라는 확고한 근거가 있었다. 클라우스 래플레는 1960년대에 쾰른에서 경제학을 공부했다. 그러나 그의 진짜 열정은 권리를 위한 저항에 있었고 이것이 그를 유명하게 했다. 그가 막 총학생회장으로 선출되었을 때 쾰른 교통국은 대중교통 요금 인상 계획을 발표했다. 대학생 월정액권 가격이 50퍼센트 이상 인상될 예정이었다. 클라우스 래플레는 인상 폭이 너무 과하다는 의견을 전달했다. 그러나 쾰른 시는 계획을 그대로 추진했고 래플레의 대화 노력은 아무 소용이 없었다.

그래서 래플레는 더 많은 사람들의 관심을 불러일으킬 저항 방식을 고안했다. 선로 시위를 조직한 것이다. 1966년 10월 24일 쾰른 루돌프광장역과 칠피허역 사이의 선로에 수천 명이 앉았다. 점심시간 동안 전차 운행이 중단될 수밖에 없었다. 시위대는 "차라리 걸어 다니겠다!"라고 적힌 피켓을 들고 있었다.

경찰은 더 많은 진압대를 투입하여 농성 중인 사람들을 선로 밖으로 끌어냈지만 시위 인원이 너무 많아 역부족이었다. 경찰은 결국 군중을 향해 말을 달리고 물대포를 쏴서 길을 냈다. 자정까지 지속된 비폭력 시위는 그렇게 끝이 났다. 래플레는 법정에 섰고 그의 소송은 대법원까지 갔다. 이제 최종 판결이 내려져야만 한다. 래플레의 행위는 위법한 협박일까?

"폭행 또는 상당한 해악을 고지한 협박으로 타인에 대해 위법하게 작위, 수인 또는 부작위를 강요한 자는 3년 이하의 자유형 또는 벌금형에 처한다." 당시에도 지금도 독일형법 제240조에는 이렇게 명시되어 있다.

그러니까 위법한 협박은, 하고 싶지 않은 행위를 하도록 강요하는 것을 전제로 한다. 클라우스 래플레는 확실히 이것을 했다. 그가 선로를 막고 앉았기 때문에 전차를 타고 계속 달리고 싶었던 수천 명의 발이 묶였다. 법의 언어로 말하면, 시위대가 그들에게 "수인 또는 부작위"를 강요했다.

그러나 이것만으로 연좌 농성을 위법 행위로 단정할 수는 없다. 이것만으로 위법 행위가 성립된다고 하면 아마 우리 모두 교도소에 가야 할 것이다. 삶은 대부분이 다른 사람들에게 자신의 뜻을 강요하는 행위로 구성되었기 때문이다. 사장이 직원에게(혹은 그 반대로), 시어머니가 며느리에게(혹은 그 반대로), 기업이 고객에게(혹은 그 반대로), 또한 보행자가 전철 운전자에게(혹은 그 반대로).

　직접적인 지시로 강요가 행해질 때도 있다. 그러나 대부분은 교묘하게 강요된다. 권력을 행간에 숨겨 두고 무언으로 협박한다. 인간의 상호작용이란 사람들이 서로에게 강요하고 영향을 미친다는 뜻이다.

　그러므로 물어야 할 것은 하나다. 자신의 뜻을 다른 사람에게 강요하는 것을 어디까지 용인할 것인가? 형법의 강요 조항은 일상적인 상호작용의 권력 행사와 사회가 허용하지 않는 방식으로 타인을 굴복시키는 힘을 구분한다. 사회에 적합한 것과 사회에 부적합하고 해로워 허용되지 않는 것을 말이다.

　형법 제240조는 강요의 수단에 대해서도 규정한다. 가령 책략은 허용된다. 폭력과 '상당한 해악을 고지한' 협박은 금지된다. '상당한 해악'이란 법률 용어의 현학적이고 허영 가득한 표현으로 일상 언어로 바꾸면 '불이익'이라는 뜻이다.

　클라우스 래플레는 협박하지 않았다. 그러니 그가 폭력을 사용했을 때만 강요죄가 성립될 수 있다. 그렇다면 아무것도 하지 않고 그냥 앉아 있는 것은 폭력일까?

무엇이 폭력인가? 이것이 래플레 소송의 핵심 질문이다.

　논란의 여지가 없는 사례부터 보자. 어떤 사람이 승객 한 명을 바닥에 넘어트리고 그 위에서 깔고 앉아 꼼짝 못하게 하는 것에서 폭력을 정의하면, 두 가지 전제 조건이 도출된다.

첫째, 가해자는 신체적 힘을 썼다. 둘째, 이 힘이 피해자의 신체에 영향을 미쳤다. 즉, 가해자의 신체적 힘이 피해자의 신체에 도달했다. 강요죄에서 말하는 폭력의 두 가지 전제 조건이 바로 이것이었다. 이 조건은 일상 언어의 '폭력'에도 적용된다.

그러나 의문이 바로 생긴다. 신체적 힘을 어느 정도 써야 폭력이 될까? 손가락 하나로 다른 사람을 저지해도 폭력일까? 즉흥적으로 대답하면 '아니오'일 것이다.

하지만 손가락 하나로 원자폭탄 발사 단추를 누르면 어떻게 될까? 신체적 힘이 거의 들어가지 않았기 때문에 이것은 폭력이 아닐까? 원자폭탄 발사는 당연히 폭력이라고 모두가 대답할 것이다. 좀 더 자주 발생하는 사례로 말하면, 손가락 하나로 방아쇠를 당기는 것, 음식에 독을 타는 것, 누군가를 가두기 위해 문을 잠그는 것 역시 폭력이다.

가해자가 쓰는 힘의 강도가 폭력의 정의에 크게 중요하지 않다는 것이 서서히 이해될 것이다. 작은 동작 하나도 충분히 폭력이 될 수 있다. 중요한 것은 피해자에게 미치는 신체적 효력이다. 그것이 핵폭탄, 총알, 독, 감금의 공통점이기 때문이다. 이것들은 피해자에게 신체적 효력을 미친다. 바닥에 눕히고 꼼짝 못하게 잡고 있는 행위 역시 피해자에게 신체적 효력을 미친다.

연좌 농성은 이런 조건을 만족시키는가? 연좌 농성을 하는 사람은 약간의 신체적 힘을 이용한다. 폭탄 발사 단추를 누르는 사람보다는 확실히 더 많이 이용한다. 폭력의 전제 조건에 해당한다.

피해자에게 미친 신체적 효력은 어떤가? 선로에 앉은 사람은 전차에 아무런 신체적 방해가 안 된다. 전차는 계속 달릴 수 있고 시위대를 들이받거나 그 위로 그냥 지나갈 수 있다. 농성하는 사람이 전차를 막는 힘은 지나가는 행인을 손가락 하나로 막을 때와 비슷하다. 전차 운전자가 정지해 있는 것은 인간 장애물을 넘을 수가 없기 때문이 아니라 그리고 싶지 않기 때문이다.

다시 말해, 강요가 신체적 효력이 아니라 정신적 효력에 영향을 미친다! 그러므로 연좌 농성은 지금까지 다룬 폭력의 정의에 적용할 수 없다. 폭력은 피해자에게 미치는 신체적 강요를 전제로 하기 때문이다.

그러므로 클라우스 래플레는 무죄여야 마땅했다. 그러나 대법원은 '굉장한' 판결을 내렸다. 대법원은 몇 문장으로 폭력 개념을 확대했다. "피해자에게 신체적 효력을 미치는 것이 폭력의 필수 조건이 아니라, 정신적 강요라도 거부할 수 없을 만큼 강하면 폭력으로 보기에 충분하다"라고 설명했다. 사람을 일부러 칠 운전자는 없을 터이므로 선로 점거 농성의 정신적 강요는 신체적 강요와 같은 효력을 낸다는 것이다.

폭력의 신체적 전제 조건이 차츰차츰 사라졌다. 가해자가 상당한 힘을 쓰지 않아도 된다. 피해자에게 상당한 힘이 가해지지 않아도 된다. 폭력의 개념은 '정신적' 차원으로 바뀌었다.

남녀 다섯 명이 특별 탄약고 '골프' 진입로를 막고 앉았을 당시 폭력 개념이 이런 상태였다. 트럭과의 간격이 5미터로 좁혀졌다. 마침내 상관이 명령했다. 정지! 그는 다섯 명에게 길에서 물러나라고 요구했다. 그들은 움직이지 않았다. 경찰이 왔고 그들을 길가로 옮겼다. 아무도 저항하지 않았고 길이 열렸다.

새로운 차량이 올 때마다 같은 과정이 반복되었다. 15명이 연행되었고 네 명이 뮌징겐 지방법원에서 폭력적 강요죄 판결을 받았고 225～375마르크의 벌금형이 선고되었다. 그들은 판결에 승복하지 않았다. 그들에게 돈은 중요하지 않았다. 단지 평화적 저항을 변호하고자 했다. 결국 그들은 이 문제를 헌법재판소로 가져갔다. '비폭력' 연좌 농성을 폭력적 강요죄로 처벌해도 되는가?

법은 우리가 해도 되는 것과 해선 안 되는 것을 구별해 주어야 한다. 둘 사이의 경계선은 명확해야 한다. 범죄구성요건은, 누구나 자신의 행위가 위법한지 아닌지 가늠할 수 있도록 표현되어야 한다. 행위를 한 다음이 아니라 그전에 자신의 행위가 위법한지 알 수 있어야 한다. 자신의 자유가 어디까지

허용되는지 그리고 처벌받지 않고 사는 방법을 모두가 알아야
한다. 무엇이 허락되고 무엇이 금지되는지 몰라서 늘 불안하
고, 걸핏하면 형벌을 받게 되는 변덕스러운 독재국가와 법치
국가의 다른 점이 바로 이런 '명확성 원칙'이다.

"1983년 5월 9일 특별 탄약고 '골프'의 진입로에 앉아 군
의 운송을 방해하는 행위는 금지된다." 이것은 아주 명확한
법이다. 그러나 모든 사건마다 일일이 법을 만들 수는 없다.
법은 여러 상황을 포괄적으로 규정해야 한다. 그러므로 법은
구체적일 수 없고 언제나 추상적이다. 그럼에도 무엇이 금지
되는지 모두가 알 수 있을 만큼 명확해야 한다. 법이 풀어야
할 과제다.

정신적 범위로까지 확대된 폭력 개념이 보통 사람의 '폭
력 개념'에 너무 많은 여지를 남겨, 누가 언제 처벌을 받는지
명확히 가늠할 수 없게 하진 않는가? 농성 시위대 전체가 스
스로 자신의 행위를 '비폭력 저항'으로 여겼는데, 폭력적 강
요죄 판결을 받는다면 이런 의혹이 생길 수 있다.

헌법재판소는 1995년에 마침내 결정했다. 이것은 평화운동에
대한 두 번째 헌법 소원 결과였다. 평화운동은 1986년에 이미
헌법 소원을 냈었다. 재판관 여덟 명이 모였다. 최소 다섯 명
이 동의하면 법원의 판결을 위헌으로 선언할 수 있었는데, 네
명이 동의했다. 한 명이 부족했다.

1986년과 1995년 사이에 몇몇 사건이 있었다. 법원이 '비폭력' 시위를 어떨 땐 처벌하고 어떨 땐 처벌하지 않았다. 핵무기 무장 반대 시위냐, 어떤 행동의 저지냐, 요금 인상 반대 시위냐에 따라 다르게 판결되었다. 시위는 위험한 일이 되었다. 법이 허용하는 행위만 하고자 했던 사람조차 무엇이 합법적인지 더는 가늠할 수 없게 되었다.

그래서 재판관들은 두 번째 헌법 소원에서 더 깊이 숙고해야 했다. 합법적 강요와 위법적 강요를 구분해야 했다. 타인에게 폭력과 협박으로 뭔가를 강요한 사람만이 처벌되어야 한다. 타인의 의지에 영향을 미치는 것은 죄가 아니다. 폭력의 한계선을 없애고 정신적 차원으로 바꾸면, '폭력'이라는 낱말의 기능은 사라진다. 실체가 없는 것은 아무것도 제한할 수 없기 때문이다. 어떤 사람이 '어떤 식으로든' 뭔가를 강요받았다고 느낄 때마다 그것을 폭력으로 본다면, 모든 강요가 위법적 폭력이 될 것이다. 어떤 사람이 '어떤 식으로든' 뭔가를 강요로 느끼는 즉시 이미 강요죄가 성립되기 때문이다. 이것은 마치 흰 우유만 우유이고 다른 우유는 절대 우유가 아니라고 말함으로써 우유 개념을 제한하려는 것과 같다. 경계선을 긋지 않으면 '폭력적 강요죄'는 '흰 우유'가 될 것이다.

그러므로 이번에는 여덟 명 중 다섯 명이 이렇게 말했다. 이제 끝을 냅시다! 앉아 있든 서 있든 누워 있든 그것이 어떤 사람에게 단지 정신적 장애물로 작용한다면, 신체적 현존만으로는 폭력일 수 없다. 평화적인 저항자들은 연좌 농성 후 12년이 지났을 때 마침내 목표에 도달했다. 그들의 저항은 복권되었다. 당시 연좌 농성으로 차량을 막은 것은 폭력이 아니었다.

그러나 이야기는 이것으로 끝나지 않는다. 법원은 연좌 농성을 합법으로 보는 헌법재판소의 결정을 순순히 받아들일 수가 없었다. 법원은 해결책을 고심했고 '정신적 장애물'이라는 해석이 얼마나 억지스러운지 제시했다. 운전자가 자신들을 치지 않을 것을 알기 때문에 도로를 점거하고 앉아 자동차의 통행을 막았다고 가정해 보자. 이때 두 번째 자동차는 앞 차가 정지했기 때문에 설 수밖에 없다. 연좌 농성은 첫 번째 자동차 운전자에게만 정신적 장애물이다. 두 번째 선 차량의 운전자를 가로막은 장애물은 진짜 신체적 장애물이다. 그를 막은 것은 앞차다. 직접 자동차를 가로막아 길을 막았든 다른 자동차를 '이용하여' 길을 막았든 차이가 없다. 두 번째 차량이 서는 즉시 연좌 농성은 정신적 장애물이 아니다. 신체적 장애물이다. 법원은 이런 '두 번째 열' 주장을 근거로 정지된 차량이 두 대 이상이 되는 즉시 연좌 농성을 다시 폭력적 강요죄로 처벌했다.

　헌법재판소가 기만당했다! 그러나 헌법재판소는 연좌 농성에 공감했고 그들을 관대하게 봐주기 위한 새로운 조항을 고안했다. 그것이 '집회의 자유'다. 다수의 저항자들이 집회를 하면 그들은 약한 처벌만 받거나 어떨 땐 심지어 아무 처벌도 받지 않을 수 있다. 단, 집회의 목적은 길을 막는 것이 아니라 의견을 알리는 것이 우선되어야 한다. 도로 차단은 의견 표명 과정에서 생기는 부작용일 뿐이어야 한다. 도로 차단을 미리 고지하고 장기간 지속하지 않으며 도로의 일부만 차단하여 시급한 운송을 막지 않는다면 합법적으로 집회의 자유를 누릴 수 있다.

이것으로 사법기관은 그들이 피하고자 했던 바로 그 상태를 야기하고 말았다. 자신의 저항이 합법인지 위법인지 아무도 예상할 수 없는 상태가 된 것이다. 특별 탄약고 '골프'의 진입로를 차단한 행위는 단지 두 번째 차량이 없었기 때문에 비폭력 행위가 되었다.

이 사례는 낱말 및 사람과 법 사이에 경계선이 필요함을 보여 준다. 한 낱말의 의미를 규정하는 것은 사람이고, 재판관들 역시 사람일 뿐이다. 고매한 법관이라도 서로 대립할 수 있고 상대에게 '본때를 보여 주고자 한다.' 낱말과 사람은 법의 필수 조건인 명확성을 앗아간다. 그러나 낱말과 사람이 없으면 법은 존립할 수 없다.

사람이 권력을 남용하면 어떻게 될까? 권력을 남용하는 사람의 말도 유효할까? 다음 장에서 알아보자.

Chapter 3.

나는 어떤 법을 따라야 하는가?

자연법과 법실증주의

새벽 3시 10분. 동베를린 판코브 구역의 어둠 속에서 손 하나가 후방 장벽 위로 올라왔다. 그리고 한 남자가 콘크리트 장벽을 기어올랐다. 자유의 땅, 서베를린 베딩 구역까지 29미터 남았다.

자유의 땅과 남자 사이에는 콘크리트로 된 전방 방어벽인 베를린 장벽이 버티고 있다. 베를린 장벽 앞에는 경보장치가 달린 철조망 울타리가 쳐져 있다. 남자가 후방 장벽을 넘어 철조망을 건드리는 즉시 경보가 울리고 조명이 켜지고 국경 침범이 보고될 것이다. 그러면 남자는 무조건 달려야 하리라.

볼프강은 남자가 장벽에서 130미터 떨어진 곳에 있을 때부터 주시하고 있었다. 볼프강의 초소는 장벽 철조망 위로 탑처럼 불쑥 솟아 있다. 사방이 유리벽이라 자유의 땅도 내다보이고 판코브 구역도 보인다. 볼프강은 방금 홀거 병사와 이

유리 초소로 왔다. 그들은 밤 10시부터 국경 경비를 시작했고 교대 시간까지 아직 세 시간이 남았다.

1984년 12월 1일 이날 새벽에도 국경 33연대 제2중대는 베를린의 북쪽 끝에서 브란덴부르크 문까지 베를린을 관통하는 국경을 지켰다. 볼프강은 하사이고 홀거는 일반 병사다. 볼프강은 스무 살이고 홀거는 스물세 살이다.

볼프강이 '에데 출몰!'이라고 외쳤다. 불법 월경자가 나타났다는 뜻이다.

남자는 후방 장벽 위로 기어올라 경보장치가 달린 철조망 울타리를 향해 달렸다. 그의 손에는 사다리가 들려 있다. 이제 자유의 땅까지 26미터 남았다.

"복무 위치로!" 볼프강이 명령하고 무전으로 사건 발생을 보고했다.

서베를린의 베딩 구역은 달리고 있는 남자에게 자유의 땅이지만 볼프강과 홀거에게는 적지이다. 그들은 그렇게 배웠다. 어렸을 때뿐만 아니라 매달 두 번씩 받아야 하는 교육에서도. 동독과 서독 사이의 국경은 군사보호구역이다. 제국주의와 사회주의가 맞닿아 있는 곳, 나토와 바르샤바조약의 이음매. 적지인 서독이든 조국인 동독이든 언제 '도발'이 있을지 알 수 없는 일촉즉발의 장소. 동독에서 서독으로 탈출하는 사람은 사회주의의 적이요, 스파이, 파괴 공작원, 범법자이다.

오늘도 볼프강과 홀거는 근무 교대에 앞서 '복무 수칙'을 복창했다. "차렷, 복무 수칙!" 그들은 국경 경비 원칙을 복창했다. "월경은 절대 허용하지 않는다. 불법 월경자는 체포하거나 사살한다."

'복무 위치로!' 명령은 '탑을 내려가라'는 뜻이다. 홀거는 명령을 따랐다.

남자는 철조망 울타리 위로 기어올랐다. 경보가 울리고 탐조등이 켜졌다. 남자는 콜로넨벡 도로를 건너 줄지어 선 전신주를 향해 질주했다. 강렬한 탐조등 불빛이 밤을 대낮처럼 밝혔다.

"정지, 서라!" 볼프강이 외쳤다.

남자는 사다리를 들고 달렸다. 볼프강은 남자의 머리 위로 총을 쐈다.

남자는 계속 달렸다.

홀거가 아래에 도착했을 때 남자는 벌써 베를린 장벽에 사다리를 세웠다. 홀거는 남자를 따라잡을 수 없었다.

국경 경비 훈련에서 볼프강과 홀거는 국경 침해 발생 시의 행동 수칙을 배웠다. 탈출자를 발견하면 다음과 같은 행동 수칙을 따라야 한다.

1. 탈출자에게 경고한다. "정지, 경비대다. 서지 않으면

쏘겠다!"

2. 탈출자를 추격한다.

3. 경고사격을 할 수 있고, 경우에 따라서는 사물이나 동물을 조준해서 사격한다.

4. 다리 조준 사격. 필요하다면 여러 발을 쏴도 된다.

5. 탈출을 막을 때까지 계속 사격한다.

  한 단계가 실패하면 다음 단계로 넘어가야 한다. 훈련 때는 5단계까지 가는 일이 절대 생기지 않았다. 월경자를 언제나 제때 체포할 수 있었다.

실제 상황에서 남자는 사다리를 오르기 시작했다. 홀거는 후방 장벽에 기대 사격했고 볼프강은 탑에서 쐈다. 둘은 자동소총을 연발 장전했다.

  남자는 1초에 두 칸씩 사다리를 올랐다. 2초, 3초, 4초, 5초. 남자는 벌써 사다리 꼭대기에 있다. 3시 15분. 그의 손이 장벽 꼭대기에 닿았다. 그 순간 남자가 사다리 위에서 미끄러져 한쪽 다리가 사다리에 걸린 상태로 바닥으로 고꾸라졌다. 그는 사다리와 함께 땅에 쓰러져 꼼짝도 하지 않았다.

  볼프강과 홀거가 달려와 제 또래의 젊은 남자를 내려다보았다. 남자의 이름은 미하엘이고 나이는 스무 살이다. 나중에 밝혀진 바에 따르면, 미하엘은 동독의 상황에 불만이 많았지만 외국 여행 신청을 한 번도 하지 않았다. 가족, 특히 대학에서 화학을 공부하는 형을 곤경에 빠트리고 싶지 않았기 때문이다. 그는 국경에서 군 복무를 해야 했는데 어떻게든 그것만은 피하고 싶었다. 이날 저녁에 그는 청년들이 주로 모이는 클럽에 있었고 평소보다 술을 많이 마셨다. 친구와 함께 근처 수리소에서 사다리 두 개를 가져와 후방 장벽에 세웠다. 친구는 마음을 바꿔 탈출을 포기했지만 미하엘은 앞으로 돌진했다. 장벽 위로, 서독으로.

미하엘은 왼쪽 무릎에 한 발, 어깨 바로 옆 등에 한 발을 맞았다.

국경 33연대, 경찰, 국가안전부에서 차례대로 출동했다. 그들은 미하엘을 손으로 끌어내 서쪽에서 보이지 않는 곳으로 옮겼다. 바닥에 누운 그가 가녀린 목소리로 여러 번 애원했다. "살려주세요!" 45분 뒤 구급차가 왔다. 의료진 없이. 구급차는 미하엘을 국경에서 멀리 떨어진 경찰병원으로 데려갔다. 병원에 도착했을 때 그는 이미 두 시간 째 피를 흘린 상태였다. 결국 6시 20분에 사망했다.

볼프강과 홀거는 징계를 받았다. 총을 불필요하게 너무 많이 쐈기 때문이다. 5초에 50발 이상이나. 그러나 탈출자를 막은 공을 인정받아 각각 200마르크씩 포상금을 받았고 모범적인 국경 경비로 훈장을 받았다.

독일민주공화국(구동독)의 국경법은 오직 최후의 수단으로만 사격을 허용했다. 제27조에 따르면, 사람의 생명은 "가능한 한 보호해야만 한다. 그러나 눈앞에 닥친 위법행위의 실행 혹은 지속을 막기 위한 사격은 정당하다."

독일민주공화국의 형법 제213조는 '불법 월경'을 다룬다. 허가 없이 독일민주공화국을 떠나는 사람은 무조건 잘못을 저지르는 것이고, 탈출에 '위험한 도구 혹은 방법'을 사용하면, 예를 들어 공범이 있거나 '특별히 심한 강도로' 탈출을 시도하는 경우는 범죄행위다.

1992년. 독일민주공화국은 사라졌다. 볼프강과 홀거는 살인으로 기소되어 독일연방공화국의 법정에 섰다. 독일연방공화국에서 사람을 죽이는 것은 1984년에도 1992년에도 그리고 지금도 범죄이다. 독일민주공화국에서도 살인은 범죄였다.

이 사건의 핵심 질문은 이렇다. 1984년 12월 1일 새벽에 볼프강과 홀거가 한 행위는 독일민주공화국의 국경법을 근거로 정당화될 수 있을까? 독일민주공화국의 국경법 제27조는 정당방위 같은 무죄 인정 조항이다. 이 조항의 조건을 만족시키는 사람은 처벌받지 않는다. 볼프강과 홀거는 적법한 행위를 한 것으로 인정된다. 당시 제27조에는 다른 사람이 범죄를 저지르지 못하게 막기 위한 일이라면, 최후의 수단으로 총을 이용해도 된다고 적혀 있기 때문이다.

독일민주공화국에서는 '불법 월경' 대부분이 '중범죄'로 분류되었다. 사다리를 사용하고 혼자가 아니라 공범이 있다면 중범죄 요건에 충분했다. 친구와 함께 사다리를 이용해 장벽을 넘으려 한 미하엘의 행위는 틀림없는 중범죄였다. 그러므로 볼프강과 홀거는 현행법에 따라, 그리고 조국이 그들에게 지시한 대로 행동한 것이다.

그 법은 과연 정의로웠을까? 1992년 법정에서 그 법을 적용해도 될까? 볼프강과 홀거의 소송사건은 법철학의 오랜 논쟁을 깨웠다. 정의란 무엇이고 그것은 어떻게 생겨나는가? 무엇이 옳고 무엇이 정의로운지를 결정하는 데 인간은 어떤 영향을 미치는가?

처음부터 두 입장이 대립했다. 자연법 옹호자들은 말한다. 정의는 창공에 있는 별과 같다고. 별들은 인간과 별개로 존재한다. 인간은 그것을 보고 묘사하고 이름을 붙일 수 있다. 그러나 그것을 만들거나 없앨 수는 없다. 별의 위치를 바꿀 수도 없다. 정의는 인간이 법에 정의를 입히느냐 아니냐에 영향을 받지 않는다. 정의는 인간의 본성에, 관념의 높은 서열에, 창조 질서에 존재한다. 우리는 이 본성을 살피고 무엇이 정의인지 인지해야만 한다. 다시 말해, 우리는 이 본성을 묘사할 수는 있지만 바꾸지는 못한다. 인정하든 안 하든 자연법은 모두에게 적용된다. 자연법 옹호자에게는 정의가 곧 법이다. '정의롭지 못한 법'은 있을 수 없다.

이런 견해에서 인권 관념이 나왔다. 모든 인간에게는 어떤 상황에서도 언제 어디서나 '양도할 수 없는' 자연적 권리가 있다. 아무도 인간에게서 이 권리를 빼앗을 수 없다. 자연적 권리는 국가, 정부, 법보다 강하다.

자연법 학설은 인권의 근거로서 설득력이 있어 보인다. 그러나 이 학설에는 약점이 있다. 무엇이 정의롭고 옳은지가 그렇게 명확하다면 모든 법이 정의로울 것이므로 우리는 법과 정의에 대해 토론할 필요가 없을 터이다. 민주주의 체제에서는 더더욱. 자연법 학설은 인권의 근거를 마련할 뿐 아니라 독재자들의 요구도 만족시킨다. 그러나 실상 개인이 '정의롭고 옳다고' 여기는 것이야말로 가장 주관적이다.

그래서 자연법의 반대 입장인 법실증주의가 발달했다. 법실증주의자들은 말한다. 정의는 별이 아니라 블루베리머핀과 같다고. 그것은 해당 요리법에 따라 인간의 손에서 만들어졌다. 블루베리를 좋아하든 아니든 머핀이 오븐에서 나오면 모두가 그것을 먹어야 한다. 법이란 국가가 특정 과정을 통해 결정한 것이다. 그것이 정의롭다고 여기든 아니든 모두가 그것을 지켜야 한다. 법실증주의는 정의와 도덕에서 법을 분리한다. 그러므로 '정의롭지 못한 법' 역시 있을 수 있다. 정의롭지 못한 법 역시 정의로운 법과 똑같이 유효하다.

법실증주의의 자명한 장점은 법적 안전성 보장이다. 특정 법이 정의롭지 못하다는 생각이 들면 그것을 바꾸도록 영향을 미칠 수 있다. 그러나 그 법을 간단히 무시해 버릴 수는 없다.

법실증주의를 따르면 볼프강과 홀거는 처벌받지 않는다. 국경법은 독일민주공화국에서 유효한 법이었다. 그것이 정의로운가는 중요하지 않다. 그들이 이 법을 지켰다면 그들은 범법자가 아니다. 행위를 한 장소와 시대에 유효한 법에 의해서만 범법자가 될 수 있기 때문이다. 법이 없으면 처벌도 없다. 이것은 연방대법원도 따르는 법치국가의 견고한 원칙이다.

자연법 학설을 따르면 해법이 완전히 달라진다. 무장을 하지도 않았고 아무도 다치게 하거나 해치지 않았고 오로지 무사히 조국을 떠나길 바랐던 한 남자가 빗발치는 총알 세례를 받고 생명을 잃었다면, 이것은 인간의 본성에 존재하는 정의와 일치하는가? 확실히 아니다. 인간이 만든 법은 정의를 이길 수 없다. 자연법 학설에 따르면 독일민주공화국의 국경법에 명시된 정당성 근거는 유효성이 없다. 볼프강과 홀거는 위법적 살해를 저질렀다.

그렇다면 1992년에 독일연방공화국 재판관은 어느 학설을 따랐을까?

맨 처음에는 비실용적으로 보이는 자연법의 약점 때문에 법실증주의가 자연법을 이겼다. 그러다 2차 세계대전 이후에 자연법이 재발견되었다. 나치는 법의 보호막 아래에서 상상을 초월하는 만행을 저질렀다. 인간이 그토록 파괴적이라면 인간이 결정한 모든 것을 '정의롭다'고 해선 안 되지 않을까? 별과 블루베리머핀의 갈등, 그러니까 자연법과 법실증주의 사이의 갈등을 어떻게 해결할 수 있을까? 이상과 현실을 어떻게 일치시킬까?

구스타프 라드브루흐Gustav Radbruch가 그 해답을 찾았다. 그는 1878년에 태어났고 교수가 되어 형법과 법철학을 가르쳤으며 1921년에서 1923년까지 바이마르공화국의 법무장관을 지냈다. 나치는 1933년에 그에게 강의를 금지하고 해고했다. 전쟁이 끝난 후 그는 하이델베르크대학의 학장으로서 법학부를 다시 세웠다. 그리고 제3제국이 던져 놓은 물음에 대해 생각했다.

그는 기본적으로 인간이 만든 긍정적인 법을 적합한 잣대라고 생각했다. 다만 하나의 공동 질서가 있을 뿐이라 '정의롭지 못한 법' 역시 따를 수밖에 없는 것이다. 그러나 라드브루흐는, 정의를 실현하기 위해 한 번도 애쓰지 않은 국가는 유효한 법을 결코 세울 수 없다고 믿었다. 특히 '정의의 핵심에 속하는' 인간의 평등을 부정하는 국가라면 더욱 그러하다고 보았다. 그래서 그는 인간이 유효한 법을 만들지 못할 때는 자연법을 소생하고자 했다. 1946년에 자신의 유명한 논문 〈법률적 불법과 초법률적 법Gesetzliches Unrecht und übergesetzliches Recht〉에서 '라드브루흐의 명제'를 제시했다. 그것에 따르면, 실정법이 과도하게 정의롭지 못할 경우 재판관은 인간이 만든

법에서 등을 돌려야 한다.

그러니까 자연법은 아주 예외적인 상황에서만, 어느 누구도 의심하지 않을 보편적 정의의 원칙에 따라 적용되어야 한다. 이 공식은 한편으로 긍정적인 법의 신뢰를 높인다. 저마다 단지 정의롭지 못하다는 이유를 대며 모든 법을 어길 수는 없기 때문이다. 다른 한편으로 법을 만드는 인간은 스스로를 죽일 만큼 정의를 짓밟지 않는다. 그리고 전 세계가 알 정도로 보편적 정의의 원칙을 어긴 사람은 그것 때문에 벌을 받는 게 당연하다. 그러므로 이런 처벌은 '법이 없으면 처벌도 없다'는 기본 원칙에 위배되지 않는다.

그렇다면 그 경계는 정확히 어디일까? 라드브루흐가 일찍이 인지했던 문제다. 나치가 과도하게 정의롭지 못했다는 데는 모두가 즉시 동의할 수 있었다. 그러나 국경에서의 사격은 방식과 규모 면에서 나치의 만행과 차이가 있다고 생각하는 사람들이 대부분이었다. 특정 상황에서, 필요하다면 무력을 써서라도 출국을 막는 것은 세계의 모든 국가가 당연시하는 '기본 원칙'에 해당한다. 가령 어떤 사람이 국가의 안전을 위협하거나 범죄를 저지르고 탈출하는 경우라면 그의 출국을 반드시 저지해야 한다. 독일민주공화국이 근거로 삼은 것이 바로 이 원칙이다. 독일민주공화국은 '단지' 안전과 범죄를 다른 국가들과 다르게 이해했을 뿐이다.

그러나 그 사이 (거의) 모든 사람들이 동의할 수 있는 보편적 정의의 원칙들이 많이 기록되었다. 유엔은 1948년 12월 10일, 세계인권선언에서 '고유한 권리'를 명시했다. 독일민주공화국 역시 시민적·정치적 권리에 관한 국제 규약에 서명하고 비준했다. 이 규약은 1976년에 발효되었다. 다만 독일민주공화국은 이 규약을 자신의 법에 적용하지 않았다. 규약의 12조에 이렇게 적혔다. "모든 사람은 자국을 포함하여 어떠한 나라로부터도 자유로이 퇴거할 수 있다." 6조에 따르면 "모든 인간은 고유한 생명권을 가진다."

연방대법원은 이 원칙이 1984년에도 보편적 상식에 속했다고 판단했다. 1984년 12월 1일 새벽에 볼프강과 홀거는 그들 조국의 법이 무엇이든, 복무 수칙과 상관의 명령이 무엇이든 상관없이 자신들의 행위가 정의롭지 못하다는 것을 알았음에 틀림없다는 것이다.

　국가적 선전에도 불구하고 조국이 보편적인 정의의 원칙을 어긴다는 것을 인지해야 한다. 그리고 개별 인간으로서 조국을 거역하고 화를 당할 위험을 무릅써야 한다. 그러므로 정의의 포기할 수 없는 핵심이 무엇이고 그것을 인지하는 방법뿐만 아니라, 전체 시스템에 맞서는 한이 있더라도 이 핵심이 왜곡되고 깨지지 않게 방어할 책임이 자신에게 얼마나 있는지를 물어야 한다.

　오늘날까지도 여전히 일부 몇몇은 볼프강이나 홀거 같은

청년 개인에게 이런 책임을 묻는 것에 회의적이다. 그러나 포기할 수 없는 정의의 핵은 상대화될 수 없다. 어떤 상황에서든 언제나 정의의 핵은 포기할 수 없는 것이고 모두에게 적용되어야 한다. 그러므로 연방대법원은 볼프강과 홀거에게 유죄를 판결했다.

그러나 연방대법원은 형량을 정할 때, 볼프강과 홀거가 세계 역사의 소용돌이에서 목숨을 잃은 미하엘과 같은 또래라는 점을 고려했다. 청소년형법에 따라 볼프강은 자유형 1년 6개월을, 홀거는 1년 9개월을 선고받았다. 법원은 두 사람의 죄를 '가벼운 고살죄Manslaughter(비고의적 살인죄)'로 보았다. 두 사람은 집행유예로 풀려났다.

라드브루흐의 명제에 따르면, 법은 인간에 의해 만들어진다. 대부분. 정의로운 법이 있을 수 있고 정의롭지 못한 법도 있을 수 있다. 법을 정의롭게 만드는 원칙에 대해 다음 장에서 살펴보자.

Part 2.
나란 존재

Chapter 1.

우리에게 성별이 필요한가?

여자 아버지

마리에는 두 살배기 사랑스러운 아이다. 요한나와 카린은 마리에를 얻는 데 남자가 필요치 않았다. 두 여자가 마리에의 친부모다.

요한나는 남자 성기를 가지고 태어났다. 부모님은 그의 이름을 파울이라 지었고 호적 계원은 출생 기록부에 '남자'라고 적었다. 파울은 25세 때 정자를 따로 저장한 뒤 음경을 잘라냈다. 의사는 음경을 자른 자리에 클리토리스를 만들어 주었다. 파울의 내면은 태어날 때부터 이미 요한나였다. 여자였다. 27세에는 외형까지 완전히 여자가 되었다. 법적으로도. 이제 요한나의 모든 서류에는 성별이 '여자'로 적혀 있다.

얼마 후 요한나와 그녀의 여자 친구인 카린은 아이를 원했다. 요한나는 11년 전에 저장해 두었던 자신의 정자를 꺼냈고 카린은 외국의 한 병원에서 요한나의 정자로 임신을 한 후

마리에를 출산했다. 카린은 마리에의 출생 신고서 '어머니'란
에 자기 이름을 적고 '아버지'란은 비워 두었다.

요한나는 그곳에 자기 이름을 올리고 싶었다. 그녀는 법
적 절차를 밟아 '친부'임을 인정받았다. 그러나 호적 계원에
게는 이런 사례가 처음이었다. 여자를 아버지로 기입해도 될
까? 그에게 이 일은 너무나 이상했다. 그는 법원에 결정을 요
청했다.

2009년이었고 요한나와 카린은 고차원적인 전투를 벌였
다. 그들이 세상에 태어났을 때는 아무도 상상할 수 없었던
많은 일들이 바야흐로 당연한 일이 된 때였다.

1960년대 말의 법 제도는 성별에 관한 반박할 수 없는 네 가
지 기본 원칙을 고수했다.

첫째: 성별이 없는 사람은 없다.
둘째: 성별은 남성과 여성 두 가지다. 그 밖에는 없다.
셋째: 성별은 출생 시 신체적 특징으로 정한다.
넷째: 성별은 변할 수 없다.

1971년에 연방대법원은 한 '성별 수정 청원자'에게 이런 '당
연한 전제 조건'을 상기시켰다. 청원자는 대학병원 간호사인
클라우디아였다. 그녀는 1932년에 남자로 태어나 만프레드라

고 불렸다. 그다음 클라우디우스라고 불리다가 다시 클라우디아라는 여자 이름으로 바뀌었다. 음낭 하나를 먼저 떼어 냈고 그다음 나머지 하나도 제거했다. 그리고 마침내 남자 성기 전체를 완전히 없앴다. 클라우디아는 호적도 바꾸고자 했다. '남자'에서 '여자'로. 그러나 성별을 바꿀 법적 근거가 없었다. 호적법은 출생 시 성별을 잘못 판별했을 때처럼 실수가 있을 때만 수정을 허락했다. 클라우디아의 경우는 이런 실수에 해당하지 않았다. 그러나 클라우디아는 포기하지 않고 싸웠다.

나는 나 자신을 어떻게 이해하는가, 나는 나 자신을 어떻게 인식하는가, 나는 나 자신에 대해 어떤 구상을 갖는가, 그것이 나의 정체성이다. 자신의 정체성대로 사는 것은 인간의 존엄성에 속한다. 인간의 존엄성은 훼손될 수 없다. 그것은 클라우디아 개인의 문제가 아니다. 아무도 그녀가 자신을 여자로 여기는 것을 막을 수 없다.

결정적인 물음은 이것이다. 자신의 정체성을 가지는 것에 그치지 않고 밖으로 발현할 수 있는가? 법은 타인과 국가와의 관계에서 나의 정체성을 인정해야만 할까?

우리가 뭔가를 발현하는 즉시 그것은 인간의 존엄성 문제에 그치지 않는다. 이때 헌법 제2조 1항이 등장하게 된다. "모든 사람은 각자 자유로이 인격을 발현할 권리를 가진다." 인간의 존엄성과 달리 자유로운 발현 권리는 불가침이 아니다. 우리는 타인이나 사회를 해치지 않는 한에서 나의 정체성을 발현할 수 있다.

클라우디아가 호적의 성별을 '남자'에서 '여자'로 바꾸는 것이 사회에 해가 될까?

시대마다 당대의 '관습법'은 큰 의미를 가진다. 헌법 제2조는 이것을 자유로운 발현의 경계로 본다. '관습법'은 성문법이 아니다. 그것에는 사회의 도덕관과 가치관이 담겨 있다. '관습에 어긋나는' 일을 맘껏 누릴 수 있는 권리는 아무에게도 없다. 어느 누구도 사회의 기본 가치를 흔들어 놓음으로써 다른 사람들을 방해해선 안 된다. 당시 클라우디아의 소망은 두 가지 가치를 동시에 '위협했다'.

우선, 앞에서 언급한 '성별이 없는 사람은 없다. 그리고 타고난 성별은 변하지 않는다'라는 기본 원칙을 위협했다. 남자가 공공연하게 여자로 등장해도 된다면, 그것은 모욕과 불쾌를 일으킨다. 도덕적 물음을 차치하고서도 그것은 현실적인 문제를 야기한다. 모두가 원하는 대로 '가짜' 성별을 가질 수 있다면 대혼란이 불가피하다.

이런 우려가 사라지려면 클라우디아가 사회를 혼란스럽게 할 마음이 없다는 것이 확실해져야 한다. 그리고 그녀가 '가짜' 성별로 살고자 하는 게 아니라 그녀가 진짜 여자라는 것이 인정되어야 한다. 그러려면 성별의 '불변성' 원칙이 잘못되었음을 법이 먼저 시인해야 한다.

헌법재판소는 클라우디아를 위해 연구 현황을 살폈다. 그리고 새로운 사실을 확인했다. 인간은 자신의 성별을 출생 시 확인된 외적 성별과 다르게 느낄 수 있다. 그리고 수술을 통해 외적 성별을 바꿀 수 있다. 그 사이 학계는 성전환을 인정했다.

그러므로 클라우디아는 사회의 관습과 가치를 해치기 위해 헌법재판소의 문을 두드린 것이 아니다. 그녀의 소망이 불가피한 내적 강박에서 기인한 것임을 의사들이 확인해 주었다. 수술 결과 또한 감탄스러웠다. 클라우디아는 외적으로도 완벽한 여자였다. 그러므로 법이 그녀를 여자로 인정하더라도 사회가 혼란에 빠질 일은 없을 터이다.

두 번째 위협은 그녀가 동성애자가 될 수 있다는 사실이다. 당시 동성애는 관습법에 '명백히' 위배되었다. 헌법재판소는 이미 1957년에 이것을 확정했다. 동성애는 완전히 새로운 영역이었다. 클라우디아의 성별 교체 소망이 동성애적 배경과 관련이 있을까? 재판관들은 다시 전문 서적을 파헤쳤다. 그리고 '성전환은 동성애나 페티시즘과 전혀 관련이 없음이 의학적으로 확인되었다'는 내용을 읽었다. 성전환은 성적 장애나 성도착증과 명백히 분리되어야 한다. 그러므로 성별 전환은 불순한 용무가 아니라 그저 '나는 누구인가'에 대한 답이다.

그러나 만프레드라는 남자로 태어난 사람이 클라우디아라는 여자가 되도록 허락한다면, 결국 그를 동성애자로 만드는 게 아닐까? 그에게 여자 친구가 있고 그가 그녀와의 관계를 지속하고자 한다면 어떻게 되겠는가? 헌법재판소는 이것 역시 연구 자료를 살펴 해결할 수 있었다. 연구 보고서에 따르면, "남성 성전환자는 동성애 관계를 바라지 않는다". 클라우디아가 여자로 인정되면, 아무튼 그녀는 이성애자 여성이 된다는 것이 1978년 10월에 확정되었다. 이로써 두 번째 위협도 사라졌다.

클라우디아에게 길이 열렸다. 국가는 그녀를 여자로 인정해야만 한다! 이 판결은 센세이션을 일으켰다. 성전환자의 존재뿐 아니라 그들의 정체성이 사회적 상식보다 더 중요하다는 사실 역시 인정된 것이다. 클라우디아가 수술을 한 후 14년이 지났을 때였다. 그녀는 그렇게 오랫동안 관청에서 관청으로, 법원에서 법원으로 뛰어다녔다.

2년이 더 지나고 연방의회가 그에 합당한 법을 제정했다. '작은 해결책'으로 이제 성전환자는 이름을 바꿀 수 있다. 다만, 이름을 바꾸려면 두 가지 감정서를 제출해야 한다. 다른 성별로 살아야 한다는 내적 강박이 3년 이상 있었고 이 강박이 지속될 것임이 확실하다는 것을 증명하는 감정서. 새로운 성별의 삶이 편안하다면, '큰 해결책'인 성전환 수술 단계로 넘어갈 수 있다. 그런 다음 호적의 성별을 바꿀 수 있다. 법은 몸이 적응했을 때 비로소 새로운 성별을 인정한다. 이런 절차는 단지 사회에 도발하기 위해 '가짜' 성별을 갖는 것을 확실히 방지한다.

성별을 결정하는 범주는 네 가지다. 첫째 이름. 둘째 고환이나 가슴을 통해 드러나는 외적 성별. 셋째 당사자가 내적으로 느끼는 감정적·심리적 성별. 넷째 호적의 법적 성별이다. 네 범주는 서로 분리될 수 있다.

법적 성별을 바꿀 수 있게 되면 그것은 또 다른 사회적 기본 규칙을 흔들 수 있다. 당시 두 가지 위협이 의회를 두렵게 했다. 첫 번째 위협은, 기혼자가 법적 성별을 바꾸고자 할 때 생긴다. 기혼자가 성별을 바꾸면 결과적으로 지금까지 존재하지 않는 동성 부부가 탄생하게 된다.

두 번째 위협을 알려면 상상력을 발휘해야 한다. 음경을 가지고 태어난 어떤 사람이 성전환 수술을 하면 법적으로 '여자'가 되지만 신체는 계속해서 정자를 생산한다. 그러면 법적으로 여자인 이 사람은 다른 여자와 아기를 만들 수 있다. 여자가 여자를 임신시킨다! 이것은 사회가 지금까지 알고 있던 모든 것을 무너뜨릴 것이다.

의원들은 1980년 법에서 이 두 '위협'을 없애고자 했다. 그래서 법적 성별을 바꾸려는 사람에게는 혼인을 허락하지 않았다. 기혼자는 이혼을 해야 했다. 그리고 아이를 만들거나 출산해선 안 되기 때문에 불임 수술을 받아야만 했다.

이런 두 위협 역시 2008년에 헌법재판소에 도달했다. 혼인한 지 56년이 되었고 자식이 세 명인 부부가 헌법 소원을 냈다. 남자는 2001년에 마르티나라는 여자 이름으로 개명했고 2002년에 성전환 수술을 받았다. 이제 마르티나는 법적으로도 여자가 되고자 했지만 호적 계원이 이혼을 요청했다. 법이 그렇다면서.

부부는 이혼할 생각이 없었다. 이혼할 사유도 없었다. 그들의 결혼 생활은 완벽했다. 그들은 많은 일을 함께 헤쳐 왔다. 남편이 여자가 되는 일까지도. 그들은 부부냐 마르티나의 정체성이냐 양자택일을 해야 하는 상황에 화가 났다.

1978년의 기본 원칙 결정 이후 30년이 지났다. 사회에서도 학계에서도 많은 일이 생겼다. 동성애가 더는 관습을 해치지 않았다. 학계는 그사이 성전환자가 동성애자 혹은 이성애자가 될 수 있음을 확인했다. 어느 누구도 성전환자임을 '증명하기 위해' 지금까지의 파트너와 헤어지지 않아도 된다.

그러나 부부라면 어떻게 될까? 그들이 혼인 상태를 유지하면, 그러니까 두 여자가 공식적으로 부부가 되면 그들은 혼인제를 위협할까?

혼인은 국가 질서의 특별한 보호를 받는다고, 헌법 제6조에 명시되어 있다. 헌법 제정 당시에는 아무도 혼인이라는 개넘에서 남자와 여자의 결혼 외에 다른 상상을 하지 않았다. 2008년에 헌법재판소는, 국가는 기본적으로 이 원칙을 유지해도 된다고 판결했다.

그러나 둘은 이미 부부로 살았다. 반세기 이상이나! 또한 그들의 혼인은 헌법의 보호 아래에 있다. 그들은 서로에 대한 책임을 약속했다. 어려울 때도 역시. 그들이 보편적인 부부상을 위해 이혼해야 한다면, 실질적인 한 가정이 파괴되는 것이리라. 그들의 동성혼이 비록 사회 체계와 모순될지는 모르지만 사회를 영구적으로 해치진 않을 터이다.

그러므로 마르티나는 법적으로 여자가 되어도 되고 지금까지의 아내와 혼인 관계를 유지해도 된다. 동성 부부로 살아도 된다. 사회에 끼치는 약간의 혼란보다 그녀의 정체성이 더 중요하기 때문이다.

2011년에 두 번째 위협이 헌법재판소에 도달했다. 어떤 사람이 '가짜' 성별로 아기를 만들거나 출산했다. 외적 성별이 남자인 사람이 자신을 니나라 부르며 여자로 살았다. 그리고 호적의 성별도 여자로 바꾸고자 했다. 니나는 당시 법에 따라 수술을 먼저 받아 자신이 불임임을 증명해야 했다. 그러나 그녀에게 수술은 너무 위험했고 무엇보다 그녀는 자식을 포기하고 싶지 않았다. 국가가 그녀에게 정체성이냐 생식력이냐 양자택일하라고 요구해도 되는 것일까?

학계가 다시 한 번 길을 냈다. 바야흐로 모두가 알고 있듯이, 수술이 모든 성전환자에게 적합한 것은 아니다. 어떤 사람들은 새로운 이름을 받고 다른 성별로 일상을 살 수 있는 것에 만족한다. 그렇더라도 그들 역시 다른 성전환자들과 똑같이 진짜 여자다. 그러므로 니나는 자신의 성기와 생식력을 유지해도 되고 그럼에도 법적으로 여자가 될 수 있다. 중요한 것은 그녀가 내적으로 느끼는 성별이다. 법은 이 성별을 존중해야 한다.

이것은 헌법재판소가 성전환을 인정한 뒤 거의 25년이 흐른 뒤에 일어난 두 번째 센세이션이었다. 중요한 것은 오직 하나다. '내가 내적으로 나의 성별을 무엇으로 느끼는가' 이다! 나는 법적으로 정체성을 가질 수 있다. 비록 예나 지금이나 '감정서'를 통해 그것을 '증명'해야 하지만 성전환 수술, 불임수술, 이혼 등 그 밖의 모든 전제 조건들은 시간과 함께 사라졌다. 사회를 보호하기 위해 그렇게 할 필요가 없어졌기 때문이다. 사회는 니나가 고환이 있고 아기를 만들 수 있더라도 니나를 진짜 여자로 대할 준비가 되었다.

이것으로 우리는 마지막 큰 물음에 직면한다. 이 모든 것을 토대로 여자 아버지와 남자 어머니의 존재를 인정할 수 있을까? 처음에 언급했던 요한나와 카린에게로 돌아가 보자. 카린은 아기를 출산했고 요한나는 아기의 출생 기록부에 아버지로 자신의 이름을 올리고자 한다. 아기는 요한나의 정자에서 생겼고 요한나는 아기가 태어날 때 여자였다. 둘은 2009년에 쾰른 지방법원과 대법원 앞에 섰다. 지금까지 언제나 정체성이 인정되었다. '확정된' 원칙과 사회적 관습이 분리되어야만 했다. '여자 아버지가 어때서?'라고 법원이 결정할 가능성이 아주 없진 않았다.

　그러나 다르게 진행되었다. 법원은 마지막 단계에서 다른 길을 택했다. 요한나는 '아버지'로 자신을 기입할 수 있지만, 이름을 요한나가 아니라 옛날 남자 이름인 파울로라고 적어야 했다. 생모 두 사람, 자신의 정자로 아기를 만든 여자. 이것은 학계에서도 지금까지 유례가 없었다. 아이에게도 사회에도 이것을 요구할 수 없었다. 아무튼 2011년에 헌법재판소는 쾰른 법원의 결정을 재가했다. 법원은 정체성을 맘껏 누리려는 개인의 소망보다 사회의 관심이 더 중요하다는 견해를 관철시켰다.

그러면 나는 누가 되어도 되는가? 나는 무엇이 되어도 되는가? 사회를 과하게 해치지 않는 한 누구든 될 수 있고 뭐든지 될 수 있다. 그 경계선의 위치는 늘 새롭게 정해진다. 과학, 도덕, 법이 서로 영향을 미친다. 정체성을 둘러싸고 힘을 겨룬다. 학술적 진보가 도덕적 가치를 도약시키고 자유를 위해 싸우는 사람들을 지원할 수 있다.

　처음에 언급했던 '반박할 수 없는' 네 가지 기본 원칙을 살펴보자. 그중에서 무엇이 남았나? 넷째, 성별의 불변성이 가장 먼저 무너졌다. 셋째, 성별은 출생 시 신체적 특징으로 정한다? 바야흐로 명확한 성기 없이 태어나는 아이들도 있다는 것이 확인되었다. 학계는 양성을 인정한다. 2013년 11월 이후로 양성인 경우 출생 기록부에 성별을 기재하지 않아도 된다. 그러므로 세 번째 원칙도 반박되었다. 어쩌면 그 이상이다. 양성을 인정하면서 둘째 원칙을 계속 유지할 수 있을까? 외적으로 남성 혹은 여성으로 분류하기가 명확치 않은 사람이 존재한다면, 감정적 성별이 명확치 않은 사람이 왜 없겠는가. 이것이 마침내 '반박할 수 없는' 첫 번째 기본 원칙인, '성별이 없는 사람은 없다'는 원칙을 흔들어 놓는다.

그렇다면 법은 성별 구분이 없어도 괜찮을까? 법은 성별과 거의 관련이 없다. 평등이 한 예다. 누구도 성별 때문에 불이익을 당해서는 안 된다. 그런데도 법적으로 성별을 등록해야 할까? 법은 인종이나 성적 지향을 근거로 차별하는 것을 금지한다. 심지어 이런 특징을 어디에도 등록하지 않는다. 그러나 누가 혼인을 해도 되고 누가 생활 동반자 관계인지를 정하기 위해 성별 등록은 아직 필요하다. 그러나 법과 성별은 서로에게 맞춰간다. 앞으로 헌법재판소가 이런 발달을 어떻게 추진하는지 보게 될 것이다. 우리는 이미 마르티나의 경우처럼 동성혼이 존재한다는 것을 확인했다. 사회 체계는 이미 깨졌다.

법이 성별 등록을 없애면 많은 문제와 모순들을 방지할 수 있을 터이다. 예를 들어 누구든지 자신의 내적 성별로 살아도 된다. 제삼자에게 감정서를 통해 성별을 확인받을 필요 없이. 혼인한 부부와 생활 동반자 관계의 논리적 함정도 없다. 그리고 요한나는 아이의 출생 기록부 아버지란에 어떤 이름을 기록할지 싸울 필요가 없다. 그냥 간단히 '부모2'가 될 터이다.

국가는 내가 누구로 살지 함부로 규정해선 안 된다. 이 외에도 우리에게서 자유를 앗아가는 교묘한 방법들이 또 있다. 그것이 무엇이고 경계선이 어디에 있는지 다음 장에서 보게 될 것이다.

Chapter 2.

국가의 감시는
어디까지 허용되는가?

개인 정보 수집

아리아네의 빅 브라더는 집 앞에 있는 회색 상자 안에 앉아 있다. 감시 구멍이 뚫린 그곳에서 꼼짝도 하지 않고 있다. 그는 아리아네의 진짜 형제가 아니라 조지 오엘의 소설 《1984》에 나오는 그 '빅 브라더'다. 소설에서는 국가가 국민들을 감시하고 정기적으로 특정 메시지를 상기시킨다. "빅 브라더가 당신을 보고 있다Big Brother is watching you." 아리아네가 소설 《1984》 속에 있다는 기분이 든 때는 2006년 3월이었다.

아리아네의 빅 브라더는 4미터 높이의 기둥 꼭대기에 있다. 그는 위아래로 움직이고 자신을 축으로 회전한다. 회색 상자 안에는 카메라가 들어 있다. 사방팔방 카메라가 보지 못하는 방향은 없다.

늦잠을 자는 바람에 아주 늦게 출근을 할 때 빅 브라더가 그녀를 본다. 친구들과 놀다 새벽녘에 몰래 집에 들어갈 때 그녀는 거대한 전봇대 사이를 통과하여 낡은 철망 내문을 지나 계단실로 들어가면서 회색 상자를 곁눈질한다. 빅 브라더도 그녀를 보고 있을까? 자신을 감시하는 사람이 누군지 아리아네는 모른다. 빅 브라더는 때때로 3층에 있는 아리아네의 창문도 노려본다. 카메라에 줌 기능도 있다던데……

아리아네는 함부르크의 매춘 거리에 산다. 카메라가 설치되기 전에는 이곳에서 범죄가 1년에 856건이나 발생했다. 살인, 강도, 신체 상해, 절도 등. 카메라는 이곳 주민을 위해 설치되었고 범죄가 발생하면 증거를 제공했다.

경찰이 설치한 감시 카메라는 총 열두 대이다. 카메라가 촬영한 장면은 상황 통제실 벽에 걸린 열두 대의 모니터(카메라 한 대당 하나씩)에서 24시간 상영된다. 중앙의 큰 모니터로 경찰은 아리아네의 집 앞 도로를 상세히 볼 수 있다. 영상은 한 달 동안 보관된다. 아리아네는 강제로 동영상 일기를 쓰고 있는 셈이다. 그녀는 이것을 감내하고 싶지 않았다. 그녀는 자신의 기본권을 지키고자 했다.

헌법은 컴퓨터로 입력되지 않았다. 페이스북에 올려 사람들이 그것을 공유하고 댓글을 남기게 하지도 않았다. 헌법의 어머니와 아버지들은 스마트폰으로 문자를 보내지도 않았다. 그들은 사람들이 사진, 이름, 주소, 차 번호를 전자 기기로 촬영하고 저장하는 상황을 상상조차 할 수 없었다. 정보를 인터넷 바다에서 검색하고 전 세계에 전송하고 연결하는 상황을 전혀 예상하지 못했다. 그래서 헌법은 아리아네를 괴롭히는 문제, 즉 전자 자료 처리 문제를 명확하게 다루지 않는다. 그렇다면 헌법은 '빅 브라더'에 대해 우리에게 무슨 말을 할 수 있을까?

독일에서는 이미 예전에 이 물음이 떠들썩하게 제기되었다. 1982년 말 함부르크대학의 조형예술학과에서 한 연극이 상연되었다. 인력정보시스템이 연극의 주제였다. 그때는 컴퓨터에 대해 잘 아는 사람이 거의 없었기 때문에 사람들은 컴퓨터의 잠재된 위험을 두려워했다.

연극이 끝나고 객석에서 한 여자가 손을 들었다. 그녀는 편지를 한 통 받았고, 이듬해부터 60만 명의 계원 중 한 명으로서 설문지를 들고 가가호호 방문하며 인구조사를 해야 한다고 했다. 독일연방의회가 인구조사법을 제정한 것이다.

'인구조사'는 미화된 표현이다. 주민 수만 헤아리는 게 아니었기 때문이다. 모든 성인이 이름, 주소, 결혼 유무, 종교, 직업, 직장에서의 업무, 직책, 근무시간, 가정에서의 생계비 책임자 등의 개인 정보를 공개해야 했다. 게다가 당시 독일에서는 원자력발전소, 나토 이중 협약 등으로 저항의 기운이 감돌고 있었다. 조지 오웰이 암울하게 그린 '1984년'이 시기적으로만 가까운 게 아니라고 느끼는 사람들이 많았다. 예정된

'전수조사'는 감시의 악몽에 속했다.

같은 날 저녁에 함부르크에서 '인구조사 반대 운동 본부VoBo-Ini'가 발족되었다. 전국에서 많은 사람들이 '인구조사 반대 운동'에 동참했다. 그들은 "정치가는 묻고 시민은 대답하지 않는다" 혹은 "양떼만 수를 헤아린다" 같은 구호를 외쳤다. 국가를 신뢰하는 보수적인 시민들조차도 불안해하며 반대 운동에 동참했다. 그들은 창밖에 현수막을 내걸었다. "인구조사 보이콧!" "개인 정보? 어디 한번 맞혀 보시지!" 500명 이상이 헌법 소원을 위해 헌법재판소로 갔다. 헌법재판소는 시간이 필요했다. 그래서 인구조사 시행 며칠 전에 잠정적으로 조사를 중단시켰다. 확정판결이 나올 때까지 임시로.

헌법은 현대의 정보처리에 대해 다루지 않기 때문에 헌법재판소는 우선 기준점이 필요했고 헌법 제2조 1항에서 그것을 찾았다. "모든 사람은 각자 자유로이 인격을 발현할 권리를 가진다." 이것은 제1조의 존엄성과 함께 '보편적 인권'에 속한다. 모두가 자유로이 하고 싶은 것을 할 수 있어야 한다. 뭘 하고 뭘 하지 않을지 모두가 스스로 결정할 수 있어야 한다.

컴퓨터와 이것이 무슨 상관일까? 국가가 나에 대한 정보를 수집하여 저장한다면, 아무나 그것을 열어보고 조합할 수 있고 나는 그것을 통제할 수가 없다. 나의 동료가 우연치 않게 나의 신고 서류를 가져간 '인구조사원'과 친구여서 내가 한 달에 얼마를 버는지 알게 되지 않을까? 세무서가 나의 제2주택을 알게 되지 않을까? 대출금을 날린 걸 은행이 알게 되지 않을까? 그 밖에 나에 관한 어떤 정보가 수집되고 있을까?

낯선 사람들이 나에 대해 알고 있다면 나는 압박감이 들 것이다. 나는 신중해질 것이다. 내가 어떤 시민 단체에 가입하자마자 국가가 그것을 안다면, 나는 아마 시민 단체에 가입하지 않는 쪽을 택할 것이다.

보편적 인권은 바로 이것을 방지하고자 한다. 보편적 인권은 내가 무엇을 하고 하지 않을지 스스로 결정할 수 있는 자유를 보호한다. 그러니까 인격의 자유로운 발현은 내가 나의 개인 정보에 대해 얼마만큼의 통제력을 갖는가에 좌우된다! 개인 정보 보호는 보호 자체가 목적이 아니라, 내가 자유롭게 활동할 수 있도록 보장해 주는 것이 목적이다.

그러므로 헌법에서 유추해석하면, 우리는 어떤 정보를 공개하고 그것을 어디에 사용할지 스스로 결정해도 된다. 헌법재판소는 이것을 '개인 정보 자기 결정권'이라 부른다. 헌법재판소는 옛날 헌법을 기반으로 현대적인 새 헌법 조항을 만들었다. 인구조사 판결을 계기로 현대의 개인 정보 보호법이 탄생했다.

개인 정보 보호법으로 모두가 '자신의' 정보에 대한 절대적 통제권을 가졌을까? 아니다. 우리는 진공 상태가 아니라 사회 안에서 다른 사람과 소통하며 자신을 발현하기 때문이다. 그러므로 나는 사회 전체를 위해 불가피하다면 나의 자유가 제한되는 것을 감수해야 한다. 국가는 공동의 삶을 조직하기 위해 필요한 정보를 얻을 수 있어야 한다.

그렇다면 국가는 어떻게 해야 국민들이 교묘한 감시에 노출되었다는 기분을 느끼지 않게 하면서 이런 필요한 정보를 얻을 수 있을까? 인간의 무력감은 특히 두 가지 불안에서 커진다. 첫째, 나의 어떤 정보들이 수집될까? 둘째, 국가는 그것으로 무엇을 할까? 이런 불안감을 없애기 위해 무엇을 할 수 있는지 알아보자.

모든 관청이 원하는 모든 정보를 쉽게 가져가지 못하게 막음으로써 첫 번째 불안감을 해소할 수 있다. 선택된 의원들이 공개적으로 토론되고 결정되는 법을 근거로 내가 어떤 정보를 공개해야 하는지를 직접 결정해야 한다. 법적인 근거 없이는 아무도 개인 정보를 수집해선 안 된다.

개인 정보가 어디에 쓰이는지 법에 명확히 명시된다면 두 번째 불안도 완화할 수 있다. 국가는 어떤 개인 정보도 언젠가 쓸 데가 있으리라는 모토로 수집하여 '저장'해선 안 된다.

개인 정보가 일단 수집되어 저장되어 있으면, 그것을 다른 곳에도 사용하고 싶은 유혹이 커지기 마련이다. 나는 헌혈할 때 혈액형을 얘기하면서, 이 정보가 혹시 경찰의 자료은행에도 저장되고 나를 범인으로 만드는 증거로 쓰이지 않을까 걱정하고 싶지 않다. 그러므로 '원래 목적'을 지키는 것이 중요하다. 개인 정보는 오로지 원래 수집된 목적으로만 사용되어야 한다. 다른 목적을 위해서는 새로운 법으로 다시 정보를 수집해야 한다.

우리가 첫 번째 장에서 다루었던 균형 원칙이 정보 수집에도 적용된다. 자유 침해가 한쪽 저울에 오르고 이뤄야 할 목적이 다른 접시에 오른다. 둘이 균형을 이루어야 한다. 예를 들어 국가는 앞으로 보육 시설이 얼마나 필요할지 예상하기 위해 국민에게 모든 성관계를 세세히 보고하라고 요구할 수 없다.

헌법재판소는 인구조사를 계기로 이런 개인 정보 보호의 기본 원칙을 세웠다. 그런데 하필이면 인구조사가 개인정보 보호법에 저촉된다! 인구조사는 통계이고 통계란 정보를 보관소에 수집해 두는 것이므로 통계자료는 여러 목적으로 사용될 것이다. 주택 건설을 위해 정부가 이 자료를 이용할 것이고, 어쩌면 노동시장에 혹은 국민연금 보험 계산에 사용할 수도 있다. 또한 통계는 일반적인 관심 안에 있다. 그러므로 통계자료 작성이 가능해야 한다. 통계에는 명확한 목적 원칙이 아니라 다른 원칙이 적용되어야 한다. 자료에서 가능한 한 빨리 이름과 주소를 분리하고 익명화함으로써 시민을 보호할 수 있다. 그때까지 개인 정보의 비밀은 엄격하게 지켜져야 한다.

결국 헌법재판소는 인구조사를 허락했다. 단, 몇몇 세부적인 전제 조건을 달았다. 인구조사원은 이웃이면 안 된다.

자료가 익명화될 때까지 호적계나 다른 관청에 전달되어선 안 된다.

4년이 흐른 뒤 1987년에 비로소 인구조사가 실시되었다. 여전히 많은 사람들이 국가를 의심했다. 그들은 여전히 인구조사에 반대했다. 헌법재판소의 판결 이후에도 그들은 조사지를 제출하지 않거나 찢어버리거나 거짓 정보를 기록했다. 인구조사를 계기로 법적 근거, 명확한 목적, 타당성이라는 개인정보 보호의 기본 원칙이 남았다.

시간이 흐르면서 또 다른 한계가 드러났다. 인구조사 후 족히 10년이 흘렀을 때 바이에른 주에서 어떤 지주가 거실에서 죽은 채 발견되었다. 뭔가에 가격을 당한 것 같았다. 그 지역에 사는 한 남자의 집에서 살해 도구로 의심되는 막대가 발견되어 경찰은 은밀하게 남자의 집을 수색하고 전화를 도청했다. 남자가 사고로 병원에 입원했을 때 경찰은 그의 병실을 감시하기도 했다.

어느 날 밤 10시 30분이 막 지났을 때 한 여자가 남자에게 전화를 해서 경찰이 그에 대해 꼬치꼬치 묻고 갔다고 알렸다. 그가 평소 공격적이었는지도 물었다고. 전화 통화 후 남자는 불안해졌다. 그는 초조해하며 혼잣말을 했다. "아주 공격적이지. 그럼 공격적이고 말고, 아주 공격적이야!" 그리고 "머리를 쐈어야 했어, 머리를 쐈어야 했어, 바로 죽였어야…… 머리를 쐈어야 했어."

법원은 그의 혼잣말을 살인의 증거로 보았다. 막대만 아니었으면 의심받지 않았을 테니 희생자를 총으로 쏘는 게 더 나았을 거라고 단지 '생각'했기 때문에, 남자는 무기징역을 선고받았다. 그는 판결에 불복했다.

이 사건에서 행해진 감시 역시 '대 주거감청'으로 오랫동안 토론되었다. 그 사이 이것은 전화 도청과 똑같은 규정이 적용되었다. 도감청 말고는 해명할 방법이 없거나 아주 어렵고, 살인 같은 특별히 중대한 범죄를 해명하기 위해서는 둘 다 허락된다. 이 사건이 그런 경우에 속하는지를 헌법재판소가 결정해야 했다. 인구조사 사례에서 만들어진 법적 근거, 명확한 목적, 타당성이라는 전제 조건이 점검되었다.

경찰은 대화가 아니라 혼잣말을 도청했다. 혼잣말은 큰소리로 하는 생각과 같다. 머릿속에 떠오르는 단편적인 단어들을 한 마디 한 마디 입으로 옮긴 것이다. 그렇기 때문에 이런 단어들의 도청은 독심술과 크게 다르지 않다.

이것이 왜 문제일까? 국가가 사회를 조직 관리하기 위해 나에 관한 정보를 수집하는 것은 묵인할 수밖에 없다. 그러나 그것은 부모와 자식 관계 같아야 한다. 이를테면 부모는 자식을 잘 보살펴야 하지만, 모든 자식들은 부모로부터 간섭받지 않고 조용히 쉴 수 있는 자기만의 공간이 있어야 한다. 어른들도 누군가 훔쳐보거나 엿들을 걱정 없이 편히 쉴 수 있는 보호된 공간이 필요하다. 그곳에서 우리는 홀로 자신의 내면을 만날 수 있다. 국가는 국민을 샅샅이 감시해선 안 된다. 국가의 철저한 감시는 인간의 존엄성을 해친다. 헌법재판소는 이것을 '사생활의 핵심 영역'이라 부른다. 이때 영역은 공간이 아니라 내용을 뜻한다. 성적 행위, 가까운 사람들과 감정을 나누는 내밀한 대화 그리고 혼잣말이 이 핵심 영역에 속한다. 생각은 자유다. 혼자 있다고 생각하여 큰소리로 입 밖에 냈더라도.

이 핵심 영역은 인간의 존엄성처럼 불가침 영역이다. 그것은 어떤 것과도 저울질될 수 없고, 살인자를 검거하는 사회적 목적으로도 침해되어선 안 된다. 그러므로 혼잣말은 이 남자에게 불리하게 사용될 수 없다. 대법원은 '종신형' 선고를 취소해야 한다.

이 모든 것이 함부르크에 사는 아리아네와 그녀의 '빅 브라더'에 무엇을 의미할까? 그녀는 그사이 소송을 통해 몇몇을 성취했다. 카메라가 아리아네의 창문을 향할 때는 자동으로 꺼져야 한다. 말하자면 그녀의 내밀한 사적 영역이 보호되는 것이다. 또한 그녀의 대문 입구도 촬영되어선 안 된다. 그럼에도 아리아네는 도로에 나서면 여전히 감시받는 기분이 들었다. 그녀는 감시 카메라를 완전히 없애고 싶었다. 이후 그녀가 2012년 연방행정법원에 도착하기까지 6년이 걸렸다.

　인구조사 사례에서 만들어진 기본 원칙을 아리아네의 사례에 적용해 보자. 법적 근거, 명확한 목적, 타당성. 감시에 대한 법적 근거는 존재한다. 법에 따라 경찰은 범죄가 자주 발생하는 공공장소에 감시 카메라를 설치할 수 있다. 감시 카메라 설치의 목적은 범행을 해명하는 것이다. 그리고 그런 방식으로 잠재 범행자에게 겁을 줄 수 있다. 이곳 주민들은 보호받을 권리가 있다. 이 목적 하나만으로도 감시 카메라는 필요하다. 그러므로 이것에는 명확한 목적이 있다.

　그렇다면 감시 카메라의 촬영이 과연 타당할까? 감시 카메라는 정보의 자기 결정권을 심각하게 훼손한다. 그것은 의심받을 일을 전혀 하지 않은 수천만 명을 매일 촬영한다. 이것이 저울의 한쪽 접시에 올려진다.

　다른 쪽 접시에는 감시 카메라로 보호되는 사람들의 생명과 건강이 올려진다. 이것은 무게가 많이 나간다. 어떤 경찰도 발생한 일을 감시 카메라만큼 정확하게 기록할 수 없을 터이다. 하지만 감시 카메라를 아무데나 맘대로 설치해선 안 된다. 노상 범죄 발생률이 특히 높은 곳에만 설치되어야 한다. 범행이 뒤늦게 신고되는 경우가 잦기 때문에 녹화 내용을 일정 기간 동안 저장해 둘 필요가 있다. 아리아네는 감시 카메라 때문에 방해를 받는 동시에 보호도 받는다. 이 모든 것이 저울의 이쪽 접시를 무겁게 하여 더 깊이 내려가게 한다. 그

러므로 아리아네는 감시 카메라로 생기는 불편을 감수해야만
한다.

인구조사 사례는 국가가 국민의 개인 정보를 수집할 때, 범인
을 검거하기 위해 자동차 번호판을 조사하고 통화 내용을 도
청하고 자료은행을 수색할 때, 지금까지도 경계선 구실을 톡
톡히 하고 있다. 2008년에 헌법재판소는 또 다른 기본 원칙을
만들었다. 공식 명칭은 '정보기술시스템의 신뢰성과 불가침
성 보장에 관한 기본법'이라는 긴 이름을 가진 이른바 '컴퓨
터 기본법'이다. 이 법은 경찰이 충분한 이유 없이 우리의 컴
퓨터를 몰래 수색하지 못하게 보호한다. 중대한 범죄를 해명
하거나 방지할 때만 컴퓨터를 몰래 수색할 수 있다.
　　논란이 되고 있는 '통신정보 보관'에 이 기본 원칙을 어떻
게 적용할 수 있을까? 통신 회사들은 의심될 만한 일을 하지
않은 사람들까지도 언제 누구에게 문자나 팩스를 보냈고 누구
와 통화를 했는지 기록해 둔다. 이렇게 정보가 수집되는 동안
독일연방의회는 새로운 법을 추가로 만들었다. 이미 확인했듯
이 국가는 통계 이외의 목적으로, 그러니까 명확한 목적 없이
개인 정보를 수집 저장해선 안 된다. 그러나 '통신정보 보관'
은 혼란을 야기한다. 이것은 목적에 개의치 않고 정보를 수
집하기 때문이다. 중요한 것은 중대한 범죄를 막는 것이고 이
것은 법에 명시되어 있는 명백한 목적이기도 하다. 다만 어떤

범죄가 중대한 범죄인지 사전에 확정되어 있어야 한다.

정보 보관이 타당한가? 이것이 결정적인 물음이다. 함부르크의 감시 카메라와 달리 통신정보 보관은 특별히 위험한 상황뿐 아니라 어디에서나 모두에게 해당된다. 광범위하게 감시가 이루어진다. 유럽 법원은 이른바 '진공청소기 원리'를 허용하지 않는다. 반면 독일헌법재판소는 통신정보가 중대한 범죄나 위험에만 사용되는 것이 확실하기만 하다면 몇 달 동안 보관하는 것은 괜찮다고 본다.

헌법재판소는 무엇을 근거로 이런 판결을 내렸을까? 처음에 다루었던 개인 정보 보호의 근거를 다시 한 번 떠올려보자. 인간은 자유롭게 활동할 수 있어야 한다. 몇 달 간의 통신정보 보관이 우리의 자유로운 활동을 저해할까? 아니다. 우리들 대부분은 변함없이 자유롭게 활동할 것이다. 오늘날 우리는 어차피 SNS, 인터넷 쇼핑, 신용카드 결제, 마트의 고객 카드 등을 통해 이래저래 개인 정보를 폭로한다. 우리는 매일 컴퓨터를 사용한다. 모든 개인 정보를 철저히 통제하려는 헌법재판소의 원래 생각을 오늘날의 현실에 적용하려고 하면, 오히려 그것 때문에 우리는 미치고 말 것이다. 자신의 정보가 수집되는 것에 신경 쓰는 사람들이 점점 줄고 있다. '통신정보 보관'이 인구조사와 다른 종류의 총을 겨누더라도, 저항의 비명은 그다지 크지 않다.

우리가 개인 정보를 자유롭게 다룰수록 '개인 정보에 대한 통제권을 갖지 못하면 자유롭게 활동할 수 없다'는 정보 자기 결정권의 근거는 점점 약해진다. 그렇다면 1983년과 딜리 개인 정보 보호가 더는 헌법의 보장을 받지 않게 되는 급진적인 의식 전환이 이루어질까? 아마 아주 먼 미래 언젠가는 그렇게 되리라. 하지만 아직은 아니다. 자신의 정보가 유출되는 것을 걱정하는 아리아네 같은 사람들이 아직 많이 있기 때문이다.

아무튼 아리아네는 결국 성공했다. 법원은 함부르크 경찰에게 개인 주택 입구를 제외하고 촬영하도록 지시했다. 그러나 모든 대문을 가리는 데 비용이 너무 많이 들어 경찰은 자발적으로 감시 카메라를 껐다.

국가는 나를 샅샅이 감시해선 안 된다. 그렇다면 동시대를 사는 다른 사람들이 나의 개인 정보를 유포하는 것은 어떨까? 그것에 대해 다음 장에서 살펴보자.

Chapter 3.

다른 사람이 내 정보를 유포해도 되는가?

잊힐 권리

빅토르 솔라는 2009년 가을, 신문에서 흥미로운 공고를 읽었다. 23쪽 사회면에 노동복지부가 1월 29일 10시에 열릴 주택 경매를 게시한 것이다. 정확히 말하면, 소유주가 사회복지보험에 진 빚을 갚지 않았기 때문에 진행되는 강제 경매였다. 오른쪽 전면에 난 공고였으므로 못 보고 그냥 지나칠 수가 없었다. 공고가 난 신문은 〈라 방구아르디아La Vanguardia〉라는 일간지로, 빅토르 솔라가 사는 바르셀로나를 중심으로 카탈루냐 전 지역에 발행된다.

경매물은 몬타나 거리 8번지, 총 면적 90평방미터의 주택이다. 신문은 빚을 진 집 주인의 이름도 명시했다. 빅토르 솔라.

이 주택은 한때 빅토르 솔라의 소유였다. 그는 실제로 빚을 졌고 그의 집이 경매에 붙여진 것도 사실이다. 그러나 이 일은 오래전에 끝났다. 이 신문이 발행된 날짜는 1998년 1월 19일 화요일이다. 주택의 공시지가가 페세타유로 도입 이전의 스페인 통화로 명시되었다. 빅토르가 2009년에 읽은 신문은 바로 11년 전의 신문이었다. 그러나 지금도 검색만 하면 누구든지 인터넷에서 이 공고를 읽을 수 있다.

누구나 쉽게 이 공고를 접할 수 있으므로 2009년 가을 현재 빅토르 솔라에게는 1998년의 신문 공고가 방금 발행된 것처럼 최신 사건으로 느껴진다. 그의 이름을 인터넷 검색창에 입력하면 11년 전의 신문 공고 링크가 뜬다. 그의 동료, 이웃, 친척, 사업 파트너 그리고 그에 대해 알고자 하는 모두가 그의 부채 과거를 쉽고 빠르게 알 수 있다.

빅토르 솔라는 공고를 삭제해 달라고 신문사에 요청했다. 그러나 신문사는 1881년 2월 1일자 〈라 방구아르디아〉 첫 발행부터 지금까지의 모든 신문을 디지털 자료로 제공하는 것을 자랑스럽게 여겼다. 그것은 그 지역의 역사 자료였다.

결국 빅토르 솔라는 스페인 개인 정보 보호 관청을 찾아갔다. 관청은 신문사에게 공고를 삭제하라고 지시했다. 그리고 구글은 '빅토르 솔라' 검색어에 1998년 신문이 링크되지 않도록 조처를 취해야 했다.

빅토르의 사례는 독일 여느 도시에서도 똑같이 벌어질 수 있다. 그가 근거로 삼았던 기본법이 스페인, 독일, 유럽의 여러 헌법과 유럽연합 기본권 헌장에 명시되어 있기 때문이다. 모든 사람은 각자 자유로이 인격을 발현할 권리를 가진다. 여기에는 나의 어떤 모습을 공개하고자 하는지 스스로 결정할 수 있는 권리가 포함된다. 공개하지 않고 혼자만 알고자 하는 사생활이 있다는 사실도 여기에 속한다.

그렇다면 다른 사람들은 오로지 내가 바라는 대로만 나를 묘사해야 할까? 나는 내 맘에 들지 않는 나의 정보가 공개되지 않도록 타인을 강제해도 될까?

사회에는 개인만 있는 게 아니다. 우리는 그것을 바로 앞 장에서 이미 확인했다. 함께 살아가기 위해서는 국가가 우리의 특정 정보를 알아야 하고 우리는 대부분의 정보를 서로 공유해야 한다. 그러므로 나의 정보는 오로지 나만의 것이 아니다. 그것을 통제할 권리에는 한계가 있다. 다른 사람들이 나에 대해 알거나 보도해야 할 납득할 만한 이유가 있다면 나는 정보 공개를 감내해야 한다. 누가 나에 대해 알고자 할까?

스페인에 사는 빅토르 솔라와 거의 같은 시기에 쾰른 근교의 한 상인도 속으로 이 질문을 했다. 그 역시 컴퓨터 앞에 앉아 자기 이름을 검색창에 입력했다. 구글이 그의 이름 바로 옆에 자동으로 연관 검색어를 제시했다. 그는 이것이 맘에 들지 않았다. 특히 '사이언톨로지Scientology[1]'가 자신의 이름과 함께 뜨는 것이 싫었다. 그는 구글에 연관 검색어 '사이언톨로지'를 삭제해 달라고 요청했다. 실제로 그는 사이언톨로지와 아무 연관이 없었다.

함께 사는 사회는 특정 정보의 공유를 요구한다. 그러나 그것은 올바른 정보일 때만 해당된다. 잘못된 정보는 누구에게도 도움이 안 된다. 그러므로 나에 대한 잘못된 정보를 보도할 납득할 만한 이유가 전혀 없다. 미디어도 이웃도 동료도 구글도 잘못된 정보에 관심이 없다. 이런 경우에는 내가 어떤 모습으로 나를 공개하고자 하는지 스스로 결정하는 권리가 항상 관철된다.

연관 검색어는 상인과 사이언톨로지가 관련이 있다는 뜻이 결코 아니라고 구글은 답했다. 연관 검색어는 그저 많은 사람들이 그것을 함께 검색했다는 뜻일 뿐이라는 것이다. 다시 말해 연관 검색어는 "많은 사람들이 이 상인과 사이언톨로지가 관련이 있는지 궁금해 했다는 걸" 보여줄 뿐이다. "이 상인과 사이언톨로지가 관련이 있는지 많은 사람들이 궁금해 했다"는 것은 사실이다. 우리도 이런 검색을 많이 해 보니까 말이다. 아무도 잘못된 사실을 유포하지 않았다.

연관 검색어는 실제로 무엇을 알려줄까? 심리학에는 '진술 왜곡' 효과라는 것이 있다. '코끼리는 등을 대고 누워 자는

---

1. 신과 같은 초월적 존재를 부인하고 과학기술이 인간의 정신을 확장시키며 인류의 제반 문제를 해결할 수 있다고 주장하는 신종파.

가?' 같은 질문을 읽으면, 마음의 눈에 '등을 대고 누워 자는 코끼리'가 떠오르고 이 장면이 기억에 남는다는 것이다. 이 장면에는 물음표의 자리가 없다. 뇌에는 물음표를 저장하는 포맷이 없다.

부정어도 마찬가지다. '코끼리는 등을 대고 누워 자지 않는다'라는 문장 역시 마음의 눈에 똑같은 장면을 생성한다. 등을 대고 누워 자는 코끼리. 이 장면에는 '않는다'라는 부정어가 들어갈 자리가 없다.

물음표와 부정어는 기억에서 사라진다. 여러 실험들이 이것을 증명한다. 어떤 의문문이나 부정문을 들으면 우리는 그 문장의 긍정적 평서문을 기억한다. 등을 대고 누워 자는 코끼리를 예로 들면, '코끼리는 등을 대고 누워 잔다'는 긍정적 진술로 기억한다. 그러므로 정보를 의문문으로 바꿔 전달하더라도 평서문 진술로 기억될 수 있다. '혹시 ~이지 않을까 궁금하다' '혹시 ~이지 않을까 많은 이들이 현재 궁금해한다'라고 표현한다고 해서 금지된 주장을 완화시켜 에둘러 표현하는 것이 아니다. 오히려 더욱 악의적이다.

그래서 연방대법원은 이 상인의 권리를 인정해 주었다. 그는 전혀 무관한 연관 검색어가 자동으로 그의 이름 옆에 뜨는 것을 더 이상 감내하지 않아도 된다. 구글은 그의 요청대로 '사이언톨로지'라는 낱말이 자동으로 그의 이름 옆에 연관 검색어로 뜨지 않도록 해야 했다.

2014년에 스페인의 빅토르 솔라는 유럽 법원에 소송을 냈다. 독일의 최신 판례는 스페인의 그에게 아무 도움이 되지 않았다. 그에 관한 보도 내용은 사실이었기 때문이다. 그는 빚을 졌었고 그의 집은 경매에 올랐었다.

진실을 보도하는 것에는 납득할 만한 이유가 있을 수 있다. 아무튼 진실의 보도는 기본권에 해당한다. 〈라 방구아르디아〉 신문은 언론의 자유를 근거로 삼는다. 구글은 기업 경영의 자유를 근거로 삼는다. 그리고 무엇보다 사람들의 알 권리, 정보의 자유가 보장되어야 한다. 그렇다면 어떤 정보가 내 통제권 안에 있고 어떤 정보가 사회에 '속하는지' 구분하는 경계는 어디일까? 그것은 정보의 내용이 무엇이고 사회에 얼마나 중요한가에 따라 결정된다. 함께 살아가는 사회에 모든 정보가 똑같이 중요한 것은 아니다. 전화번호와 일기는 다르다. 그렇게 우리는 자신을 중심으로 점점 커지는 원을 그려 다양한 범주를 정할 수 있다.

좁은 원 안에는 나의 생각과 감정이 속한다. 나의 머릿속에서만 진행되는 생각, 사적인 메모, 비밀 편지, 비밀 대화들이 모두 이 범주에 속한다. 또한 성생활, 병원 진료, 건강 상태 등 일반적으로 커튼 뒤에서 진행되는 일들이 이 원 안에 있다. 이 원은 '내밀한 영역'이다.

두 번째 좁은 원은 커튼 뒤에서 진행되지는 않지만 그럼에도 사생활에 속하는 것들이다. 내 집, 내 가족이 여기에 속한다. 이 원은 대문이나 정원에서 끝나지 않는다. 가령 내가 방해받지 않고 책을 읽거나 연인과 낭만적인 저녁을 먹기 위해 카페나 해변 혹은 한적한 곳에 물러나 있으면 이 원은 거기까지 확장된다. 그러므로 유명한 공인들도 공공장소에서 사적인 원 안에 있을 수 있다. 이 원은 '사적인 영역'이다.

세 번째 원에는 직장, 각종 동호회, 마트 등 사회적 환경에서 행하는 모든 것이 포함된다. 이 원에서 나는 다른 사람들과 관계를 맺고 사회적 접촉을 한다. 이 원은 '사회적 영역'이다.

사회적 영역 너머로 더 확장된 원은 '공공 영역'이다. 이것이 네 번째 원이고 이 원은 한없이 크다. 예를 들어 언론과 인터뷰를 하고 미디어에 자신을 노출하는 것은 이 원에 속한다. 오디션 프로그램의 지원자로 혹은 토크쇼의 게스트로 텔레비전 방송에 출연할 때, 광장에서 연설할 때, 책을 출판할 때, 블로그나 토론커뮤니티 같은 공개된 인터넷 사이트에 자신의 정보를 올릴 때.

원이 클수록 내게만 속한 정보는 적고 사회에 속한 정보는 많다. 그러므로 각 원마다 다른 사람들이 얼마나 자유롭게 내 정보를 가져다 써도 되는지 규칙을 정할 수 있다. 정보가 항상 공개되는 것이 아니라 규칙에 따라 어떤 경우엔 되고 어떤 경우엔 안 되는 것이다.

내밀한 영역은 나의 존엄성에 해당하고 그것은 불가침이

다. 성생활, 질병, 일기장은 타인에게 금기다. 내밀한 영역의 정보를 유포하는 것은 절대 정당화될 수 없다. 이 원에서는 어떤 정보를 공개할지 스스로 결정하는 자기 결정권이 관철된다.

역으로도 명확하다. 내가 스스로 공개한 것을 다른 사람들이 유포한다면, 나는 그것을 감수해야만 한다. 가장 바깥의 한없이 큰 원에서 나온 정보들은 당연히 다른 사람들이 계속해서 유포해도 된다.

그렇다면 그 중간에 있는 원은 어떨까?

여기서 우리는 '보편적' 일반성을 사용할 수 있다. 사적인 영역에서 생기는 일은 보편적으로 나에게 속한다. 다른 사람들은 예외적인 특별한 근거가 있을 때만 이 영역의 정보를 유포할 수 있다. 유명인이라는 이유로 사적인 영역이 침해되어선 안 된다. 유명인들 역시 사생활을 보호받을 권리가 있다. 그러나 유명인의 사생활에서 나온 어떤 세부 내용은 본인이 공개적으로 말하고 행동한 것과 관련이 있을 수 있다. 이를테면, 어떤 정치가가 자동차에 반대한다며 자전거 이용을 주장해 놓고 정작 자신은 자동차를 타고 동네 빵집에 간다면, 대중이 그것을 알 이유가 충분하다. 비록 나는 유명인이 아니지만, 누군가 나의 사생활을 시시콜콜 유포해도 될 만한 타당한 근거는 없는 것 같다. 설령 그것이 진실일지라도.

사회적 영역은 반대다. 이 영역의 정보는 보편적으로 사회에 속한다. 이 영역에서 나는 사회적 관계를 맺고 살기 때문이다. 이 영역의 정보가 유포되는 것은 내 통제권 밖에 있다. 다른 사람이 알아야 할 근거가 명백하지 않은 경우에만 정보가 유포되지 않는다.

그렇다면 빅토르가 빚을 갚지 못해 집이 경매에 나왔던 일은 어느 영역에 속하는 정보일까? 빚은 다른 사람과의 관계에서 발생한다. 다시 말해 다른 사람들과 상호작용하는 영역에 있다. 사회는 어떤 사람이 채무를 이행하는지 아닌지에 관심을 가질 수 있다. 그리고 사람들이 그것에 대해 알아야 공개 경매는 의미가 있다. 그러므로 이 정보는 사회적 영역에 속한다. 사회가 알면 안 되는 근거가 없다. 오히려 많은 사람들이 경매에 대해 알고 참여하는 것이 빅토르에게도 좋다. 〈라 방구아르디아〉 신문은 1998년 1월 19일에 그것에 대해 보도해도 되었다.

어떤 이의 과거 정보는 얼마 동안 불특정 다수에게 공개되고 기억되어도 될까? 레바흐의 군인 살해 사건은 독일 전역을 숨 죽이게 했던 큰 사건에 해당한다. 1969년 1월 20일 새벽 3시 직전에 신원 불명의 괴한 두 명이 독일군의 탄약 보급창을 습격하여 장총, 권총, 탄약을 훔쳐갔다. 잠자던 군인 넷이 죽었고 한 명이 중상을 입었다.

　　텔레비전 방송 〈사건번호 XY…… 미제 사건〉이 주민들과 함께 범인을 추격했다. 청년 세 명이 검거되었다. 그들은 쉬트제 호수에서 요트를 즐기며 함께 사는 삶을 꿈꿨다. 그것을 위해 돈이 필요했던 청년들은 범행 계획을 세웠다.

자르브뤼켄에서 형사재판이 열렸고 수백 명이 방청했다. 1970년 8월에 범행을 실행한 두 명은 무기징역을, 공범 한 명은 6년형을 선고받았다.

6년형을 받은 세 번째 남자가 3년 뒤에 가석방되었을 때 ZDF방송국은 군인 살해 사건에 대한 다큐멘터리를 제작했다. 지명과 인명이 그대로 사용되었고 여러 관련자들이 등장했다. 다른 점이 있다면 등장인물이 실제 범인이 아니라 재연 배우라는 것뿐이었다. 세 번째 남자는 이 다큐멘터리의 방영을 막고자 했다. 그러나 항소심, 상고심 모두 패소했고 방영일이 임박했다. 그는 헌법재판소에 긴급 요청을 했다.

이 남자는 형법을 어겼다. 사회적으로 함께 살아가기 위해 지켜야 할 규칙을 어긴 것이다. 사회는 그것에 대해 알아야 할 타당한 이유가 있다. 중대한 범죄일 경우 대중은 당연히 궁금해 한다. 모든 것을 세세히 알고 싶어 한다. 누가 범인이고 어떻게 생겼나? 어떤 삶을 살았고 무슨 동기에서 범행을 저질렀을까? 그런 사건이 나에게도 일어날 수 있을까? 국가는 범인을 잡을 수 있을까? 나를 보호하기 위해 나는 어떻게 해야 할까?

그래서 미디어는 레바흐의 군인 살해 사건을 상세하게 보도했다. 범법자는 자신의 범행이 보도되는 것을 감내해야 했다. 그것은 아무 이상이 없다고 헌법재판소는 판결했다.

그러나 범행 발생 후 시간이 지날수록, '다시 한 번 더' 모든 것을 상세하게 알고자 하는 대중의 관심은 줄어든다. 범법자는 형을 마친 후 다시 사회로 돌아가야 한다. 출소하는 바로 그때 그의 얼굴이 등장하고 이름이 거론되는 다큐멘터리가 방영된다면 그는 어디에도 갈 수 없을 것이다. 그러므로 헌법재판소는 방영 예정일 직전에 방영을 금지시켰다.

누군가 나에 대한 정보를 유포해도 되는지는 이 정보가 얼마나 최근 것인가에도 좌우된다. 결정은 다양한 시기에 다양하게 내려질 수 있다.

2014년 유럽 법원에서 판결을 기다리는 빅토르에게 돌아가 보자. 많은 이들이 관심을 가지고 이 소송을 지켜봤고 이것이 '잊힐 권리'에 해당한다는 의견을 냈다.

대중은 옛날의 강제 경매에 큰 관심이 없다. 아무도 이 집의 경매에 동참할 수 없다. 오늘날 〈라 방구아르디아〉 신문은 강제 경매에 대해 더는 보도해선 안 된다. 어떤 경우든 빅토르의 이름과 주소를 같이 보도해선 안 된다.

물론 신문사는 강제 경매를 다시 보도하는 것이 아니다. 단지 옛날 신문을 자료실에 둘 뿐이다. 신문사가 옛날 신문 기록을 바꾸거나 삭제해야 한다면, 그것이야말로 진짜 역사

왜곡일 터이다. 빅토르는 자신의 과거가 온라인 자료실에 남아 있는 것을 감내해야 한다. 이것은 일반적으로 큰 문제가 아니다. 옛날 신문을 뒤지는 사람은 그리 많지 않기 때문이다. 빅토르의 진짜 문제는 구글이다.

구글은 링크를 지워야 할까? 신문사 자료실의 기사들을 열람할 수 있다는 것을 검색기가 알려 주면 안 되는 걸까?

그것은 모순처럼 들린다. 그러나 구글은 인터넷에 무엇이 있는지만 알려 주는 게 아니다. 구글은 데이터를 가공하여 자체적인 검색 결과를 내놓는다. 현재 입력한 검색어와 이런저런 링크들이 관련 있다고 알려 준다. 그것은 빅토르 솔라라는 인물에 대한 최신 자료들을 전달한다. 그것은 〈라 방구아르디아〉가 1998년에 발행한 신문을 다시 한 번 새롭게 인쇄하여 사람들에게 배포하는 것과 마찬가지다. 하지만 대중은 그것에 별로 관심이 없다.

유럽 법원은 신문 기사를 온라인 자료실에 보관해도 좋다고 판결했다. 그러나 구글은 온라인 자료실 링크를 삭제해야만 했다.

이것이 잊힐 권리를 보장한 걸까? 부정적으로 표현해서, 이것이 과거 검열일까?

아니다. 왜냐하면 기사는 온라인 자료실에 계속 남아 있고 언제든 인터넷에서 볼 수 있기 때문이다. 어느 누구도 역사를 다시 쓰라고, 과거의 범행을 상기시키는 흔적을 모두 지우라고 요구할 수 없다. 우리는 우리의 과거가 주위 사람들의 기억에 남고 사회의 자료실에 보관되는 것을 감내해야 한다.

옛날 사건이 다시 거론되어도 되는지 어떤 방식으로 거론될 수 있는지는 개별 사건의 저울질에 달렸고, 애매할 경우에는 법원이 결정한다. 군인 살해 사건의 범인들도 이것을 경험해야만 했다. 범행 후 족히 35년이 흐른 2005년, Sat.1 방송국이 그들의 이야기를 방영했다. 범인의 실명은 거론되지 않았고 사진도 공개되지 않았다. 그럼에도 그들은 권리를 침해받은 기분이 들었다. 그들을 아는 사람들은 방송이 그들 이야기임을 다 알 터였기 때문이다. 그러나 이번에는 헌법재판소가 방영을 허락했다. 판결문에 따르면, 아무도 자신의 과거와 다시 직면하지 않기를 요구할 수 없다. 잊힐 권리는 없다.

타인의 과거가 내 삶에 영향을 미칠수도 있을까? 다음 장에서 한 여자와 한 남자가 그것에 대해 묻는다.

Chapter 4.

우리는
얼마나 평등한가?

경력과 여성 할당제

중요한 일이 생길 때마다 에밀은 녹색 점퍼를 입는다. 그는 브레멘 산림청에서 17년째 일하고 있다. 공학자로서 녹지를 설계하고 기업, 정부, 시민 단체와 협상한다.

에밀은 상사와 사무실을 함께 쓸 뿐 아니라 책임도 함께 진다. 상사가 휴가를 가거나 아프면 그가 상사를 대신한다. 공항 확장 같은 큰 프로젝트를 이끌었고 거의 매년 연수를 받았으며 더 나아가 도시계획상을 수상하기도 했다.

1991년 현재 52세인 에밀은 어느새 머리가 희끗희끗해졌다. 그가 긴 세월 일하며 고대하던 순간이 드디어 왔다. 부서장 자리가 빈 것이다. 후보자는 총 네 명이었고 그중에서 에밀과 여자 동료 리타가 박빙이었다. 산림청장은 에밀을 선택했다. 승진으로 그의 월급이 하룻밤 사이에 거의 25퍼센트나 인상될 터였다. 이제 남은 건 인사위원회 면접뿐이다. 형식적인 과정이라고 에밀은 생각했다. 그러나 인사위원회는 그의 승진을 승인하지 않았다. 결국 리타가 승진했다. 그 이유는 훗날 알게 됐다. 두 사람 모두 자격이 충분했지만 리타가 여성이었기 때문이다.

새로운 법이 에밀의 길을 막았다. 불과 며칠 전부터 브레멘에 적용되기 시작한 법이다. '공직 사회 남녀 평등법'의 목표는 전체 공무원의 최소 50퍼센트를 여성으로 채우는 것이다. 50퍼센트에 도달하지 않는 한, 남녀 두 사람의 자질이 똑같은 경우 언제나 여자가 남자보다 자동으로 우선순위가 된다. 에밀은 이것을 받아들일 수 없었다.

헌법 제3조 1항은 자랑스럽게 알린다. "모든 사람은 법 앞에 평등하다." 이것은 '일반적 평등 원칙'이다. 이것은 국가가 모든 사람을 무조건 똑같이 대우해야 한다는 뜻이 아니다. 국가는 어떤 사람에게 자동차 운전을 허락하고 어떤 사람에게는 금지할 수 있다. 물론 그 기준이 가령 눈동자 색이어서는 안 된다. 그러나 국가는 운전면허 시험에 통과한 사람과 그렇지 못한 사람을 차별할 수 있다. 눈동자 색과 달리 운전면허증 소지 유무는 자동차 운전에 관한 한 객관적인 차별 근거가 된다. 다시 말해 차별에 대한 객관적인 근거만 있다면, 국가는 두 사람을 완전히 다르게 대우해도 된다.

남성이 여성보다 자동차 운전에 서툴거나 그 반대임을 과학적으로 증명할 수 있다면 어떻게 될까? 그것이 남성 혹은 여성에게 자동차 운전을 금지하는 객관적인 근거가 된다면? 그들에게 추가 시험을 요구해야 할까? 그럴 수 있다. 그래서 제3조는 악용을 막기 위해 몇몇 장치를 해 두었다. 제3조에는 아무리 객관적인 근거라 할지라도 그것 때문에 불이익을 당하거나 특권을 누려선 안 되는 특징들이 나열된다. 혈통, 인종, 언어, 출생지, 신앙, 종교관 혹은 정치관, 성별. 또한 신체적 장애 때문에 불이익을 당해서도 안 된다. 에밀은 이것을 근거로 자신이 성별 때문에 불이익을 당했다고 주장했다.

그러나 성별 문제는 그렇게 간단하지가 않다. 남자와 여자 사이에는 부정할 수 없는 자연적 차이가 있다. 기업은 가령 임신을 이유로 여직원을 해고해선 안 된다. 이 법규는 여성만 보호한다. 그럼에도 남자 직원들은 이 법규가 남성에게 불이익을 준다고 불평할 수 없다. 여자만 임신을 하는 것은 자연의 이치이기 때문이다. 이런 자연적 차이는 인정하고 배려해야 한다. 임신의 경우는 아주 명확하지만 다른 차이는 어떨까? 무엇이 자연의 이치일까?

헌법이 제정된 1949년에는 예를 들어 부부의 전통적 역할 분담이 자연의 이치로 통했다. 그때는 대부분 남편이 밖에서 돈을 벌고 아내는 집에서 살림을 하고 아이들을 돌보았다. 아내는 예외적인 경우에만 남편의 동의를 얻어 직장 생활을 할 수 있었다. 남편은 아내의 재산에 대한 처분권을 가졌다. 결혼한 여성은 남편의 성을 따랐고 부부 사이에 순종 원칙이 적용되었다. 모든 문제의 최종 결정권은 남편에게 있었다. 자식을 어떻게 키울지, 어느 지역 어떤 집에서 살지 모두 남편이 결정했다.

카셀에 사는 엘리자베트 젤베르트는 이 시대에 살림을 버리고 사회에 뛰어들었다. 그녀는 사회민주주의자인 남편 아담 젤베르트와 함께 두 아들을 키웠다. 그러나 가정주부로 머물고 싶진 않았다. 그녀는 제국시대에 나고 자랐고 20대 초반에 바이마르공화국을 경험했다. 바이마르공화국의 헌법에는 "남자와 여자는 똑같은 시민권과 의무를 가진다"라고 명시되어 있었다. 예를 들어 투표권은 '시민권'에 속한다. 엘리자베트 젤베르트는 22세에 여성으로서 처음으로 독일에서 투표를 할 수 있었다.

사회적 평등은 아직 멀리 떨어져 있었다. 남녀의 소위 '자연적인 차이'가 여성들을 살림과 육아에 묶어 두었다. 엘리자베트 젤베르트는 역할 고정관념에서 벗어난 사회, 남녀가 실제로 평등한 사회를 꿈꿨다. 그녀 스스로도 어떤 고정관념에도 개의치 않았다. 그녀는 이른 나이에 직장 생활을 했고 정치에 관심을 가졌다. 그리고 실질적인 변화를 위해 법학을 공부하고자 했다.

1920년대에 남자들 무리 속에서 대학에 다니는 여자들은 극소수였다. 엘리자베트는 1925년에 대입 시험을 치고 그들 중 하나가 되었다. 박사 학위를 마치고 변호사로서 정치가로서 활동했다. 1948년에 독일 헌법을 설계한 의원 65명 중 남성 의원이 61명이고 여성 의원은 네 명뿐이었다. 엘리자베트가 그중 한 명이었다. 그들이 바로 독일 헌법의 아버지와 어머니이다. 엘리자베트 젤베르트는 수도 본으로 갔고 남편이 집에서 아이들을 돌봤다. 젤베르트 부부는 오늘날의 관점에서도 대단히 현대적인 방식으로 살았다.

엘리자베트 젤베르트는 헌법 제3조의 2항을 제안했다. "남녀는 동등한 권리를 가진다." 이것은 혁명이었다. 최종 결정권을 남자가 독점하지 못하는 것이 많은 남성들에게 위협적으로 느껴졌고 자연의 이치를 거스르는 것처럼 보였다. 심지어 이 제안을 불편해 하는 여성들도 있었다. 또한 현실적으로 고려해야 할 사항들이 많았다. 이를테면 남녀의 권리가 동등해지면 민법상의 혼인과 가족에 관한 여러 규칙이 갑자기 유효성을 잃는다. 헌법이 시급한 시기였고 사람들은 남녀 평등권에 그렇게 빨리 적응할 수 없었다. 2차 세계대전의 폐허에서 무법천지의 혼돈을 두려워하는 사람들이 많았다. 젤베르트의 남녀 평등권 발의는 단호히 거절되었다. 그녀의 법안은 두 번째 의결 때도 반대에 부딪혔다.

이때 그녀는 모든 힘을 끌어모았고 몇 주 내에 전국의 여성들을 움직였다. 그녀는 강연을 하고 라디오에서 연설했다. 그녀는 여성들에게 호소했다. "도와주십시오!" 그리고 사람들에게 말했다. "여러분은 무엇을 원하십니까? 여러분은 이 나라 국민입니다. 이것은 여러분의 법입니다!"

그러나 젤베르트의 법안을 지지하는 편지 몇 통이 의회에 도달한 것이 다였다. 젤베르트는 실망했다. 그러나 그녀는 뭔가에 홀린 듯 강연을 계속 이어갔다. 그리고 마침내 마법 같은 지점에 도달했다. 이제 우체국은 의회로 보낼 우편물 바구니를 여러 개 준비해야 했다. 저항의 폭풍이 의회를 휩쓸었다. 금속노조 여성 회원 4만 명이 분노의 편지를 보낸 것이다. 법안에 반대했던 의원들은 충격에 빠져 어찌할 바를 모르다 결국 국민의 뜻에 굴복했다. 1949년 1월 17일 엘리자베트 젤베르트의 법안이 받아들여졌다. "남녀는 동등한 권리를 가진다." 새로운 사회의 비전이었다.

그러나 전통적으로 전해 내려온 역할 관념은 헌법에 적힌 단어 몇 개로 달라지지 않을 터였다. 그래서 혼돈을 막기 위해 4년의 과도기를 두기로 했다. 과도기가 끝나고 4년이 더 지난 뒤에야 의회는 머뭇거리며 전통적인 기존 규정 몇 개를 수정하기 시작했다. 1958년에 비로소 아내의 순종 의무가 삭제되어 남편은 아내의 직장 생활을 더는 좌지우지할 수 없게 되었다. 이제 "부부와 가족에서의 의무를 해치지 않는 한" 여성은 직장 생활을 해도 된다. 1977년에 또 다른 개혁이 있었고 이것이 '남편은 밖에서 일하고 아내는 집에서 살림하는' 부부 관계를 '남편과 아내가 살림과 직장 생활을 상호 합의하여 분담하는' 동반자 관계로 바꾸었다. 1976년에는 혼인 시 남편의 성뿐 아니라 아내의 성을 따를 수도 있게 되었다.

그때까지 '자연의 이치'로 여겼던 다른 규칙들 역시 처음엔 유지되다가 서서히 사라졌다. 그리하여 양육은 1958년 새로운 가족법에 따라 아버지와 어머니의 공동 과제가 되었다. 단, 합의가 이루어지지 않으면 아버지의 결정을 따라야 했다. 그러나 헌법재판소는 1959년에 이것 역시 남녀평등을 해친다고 판결했다.

새로운 평등권이 헌법에 명시된 후 21년이나 지난 1970년에 있었던 한 소송사건이, 생물학적 차이와 역할 관념을 구분하기가 얼마나 어려운지를 보여준다. 카셀에 사는 한 남자가 인생의 위기를 맞았다. 그는 당시 35세였고 영화관에서 영사기 기사로 일했다. 그는 뭔가 다른 일을 하며 새 삶을 살고 싶었다. 이를테면 출산을 돕는 일. 당시 출산을 돕는 직업은 단 하나, 산파뿐이었다. 직업명에서 알 수 있듯이 이른바 '산파'는 여자만 할 수 있는 일에 속했다.[2] 현재까지 남성 산파를 일컫

---

2. 산파를 뜻하는 독일어 'Hebamme'는 여성 명사이다.

는 남성 명사는 생기지 않았다. 산파법이 '여자 교육생만' 허락한 것은 당연하다.

이 남자는 산파 교육원에 지원서를 냈지만 거절되었고 법원에 소송을 냈다. 그는 모든 재판에서 패소했다. 1972년 연방행정법원의 판결에 따르면, 산파는 옛날부터 늘 여성이었고 법원이 훑듯이 읽은 《시대변환기의 산파Die Hebamme im Wandel der Zeiten》라는 책에도 그렇게 명시되어 있다. 법원은 남성 산파가 산모에게 오히려 '방해'가 될 것이라 판단하여 여성에게만 산파 자격을 주는 것은 남녀의 '생물학적 차이'를 기반으로 한다고 판결했다. 여성 산파가 자연의 이치인 것이다.

옛날부터 늘 그래왔던 모든 것이 생물학적으로 내재된 것은 아님을, 그러니까 고정관념과 생물학 사이에 차이가 있음을 법원은 아주 서서히 인지했다. 1979년에 헌법재판소는, 당시 여러 연방 주에 존재했던 '가사노동의 날'이 헌법에 위배된다고 판결했다. '가사노동의 날'이란 모든 직장 여성들이 한 달에 한 번씩 휴가를 내서 집안일을 하고 밀린 대청소와 빨래를 해치우는 날이다. 여성이 가사를 책임지는 것은 '전해 내려온 관습'이지 '생물학적 차이'와는 전혀 무관하다고 헌법재판소는 설명했다.

1991년에도 여전히 부부가 한 가지 성에 합의하지 못하면 자동으로 남편의 성을 같이 사용했다. 남편이 직장 생활에서 더 대표성을 띤다는 것이 근거였다. 헌법재판소는 이것 역시 전해 내려온 관습일 뿐 '생물학적 차이'가 아니라고 판결했다. 이 판결 이후로 남녀 모두가 결혼 후에도 원래 성을 유지할 수 있게 되었다.

여성 보호 정책으로 마련했던 '근무시간 규칙'이 1992년까지도 여전히 통했다. 여자들은 극소수의 예외를 제외하고 야간에 일하면 안 되었다. 여자들은 체력이 약하고 가사와 육아를 책임져야 하기 때문에 근무시간 면에서 보호되었다. 어느 날 0시 35분경에 여자 네 명이 한 빵공장에서 케이크를 포장하다 적발된 후 '근무시간 규칙'이 헌법재판소에 도달했다. 헌법재판소는 야간 근무가 남녀 모두에게 똑같이 힘들다고 판결했다. 여자만 아이를 낳을 수 있는 것은 생물학적으로 내재된 자연의 이치지만 여자가 육아와 가사노동을 전담하는 것은 자연의 이치가 아니다. 이 판결 이후로 여자들은 남자들과 똑같이 야간 근무를 할지 말지를 스스로 결정해도 되었다.

고정관념이 '생물학적 차이'와 구별되더라도 이 구별을 어떻게 처리하느냐의 문제가 남는다. 앞서 본 산파 사례의 뒷이야기가 답을 준다. 남자도 산파가 될 수 있을까? 이 문제는 1983년에 유럽 법원에 도달했다. 바야흐로 아무도 생물학적 차이를 진지하게 주장하지 않았다. 법원은 여자에게만 산파 자격을 허락하는 것은 기본적으로 평등 원칙에 위배된다고 판결했다. 그러나 오래전부터 늘 그래왔기 때문에 '개인적인 감성'이 중요한 역할을 할 수 있다. '감성'을 배려하는 차원에서 회원국들은 이런 차별 규칙을 당분간 유지해도 된다. 법이 현실보다 수십 년을 앞서기도 한다. 1985년에 독일에서는 산파 외에 '출산 위생사'도 남자에게 허락하는 새로운 법이 제정되었다. 하지만 산파는 현재까지 여자들만의 직업으로 남아있다.

엘리자베트 젤베르트는 이 모든 것을 다르게 상상했다. "남녀는 동등한 권리를 가진다." 이 조항이 사회를 바꿔야 했다. 1994년에 독일 헌법은 통일을 계기로 수정되었고 제3조 2항은 45년 전의 내용을 그대로 유지했다. 사회가 아직 실질적인 평등에서 멀리 떨어져 있었기 때문에 이 조항에는 일종의 엄호사격으로 두 번째 문장이 추가되었다. "국가는 남녀 평등권의 실제적 실현을 증진하고 기존 불이익들의 제거를 도모한다." 유럽은 1976년에 이미 직장에서의 남녀평등을 원칙으로 세웠다. 국가는 '실질적인 불평등'을 제거할 수 있다. 2009년에 독일 헌법과 비슷한 규칙이 들어 있는 유럽연합의 기본권 헌장이 발효되었다. 남녀는 모든 분야에서 동등하게 대우되어야 한다. 그러나 기존의 불이익을 없애기 위해 '약자에 속한 성별'이 우선시 된다.

그러므로 국가는 한편으로 남녀를 똑같이 대해야 하고 다른 한편으로 기존의 불이익을 없애야 한다. 이것이 언제나 모순일까? '기존의 불이익'을 제거하는 것이, 앞에서 다룬 사례의 에밀이 느꼈던 것처럼 언제나 여자를 우선시하고 남자에게 불이익을 준다는 뜻일까?

꼭 그런 건 아니다. '기존의 불이익'을 제거하는 데에는 여러 가능성이 있다. 국가는 지금까지 여성이 거의 없는 직종의 직업 교육을 여자들에게 지원할 수 있다. 국가는 특별 상담과 훈련을 통해 여성 직장인들의 승진을 도울 수 있다. 국가는 워킹맘을 위해 육아 환경을 개선하는 데 힘쓸 수 있다. 최신 사례들이 이것의 진행 방식을 보여 준다. 육아에 친숙해지고 더 나아가 육아를 위해 직장 생활을 잠시 중단하는 것을 힘들어하는 아버지들이 아직 많다. 국가가 이런 역할 관념을 바꿀 수 있을까?

국가가 아이디어를 고안했다. 방금 부모가 된 사람들은 월급 실수령액의 약 65퍼센트를 부모 보조금으로 최대 14개월까지 받을 수 있다. 출산 후 육아휴직을 낸 여성 직장인들은 부모 보조금 덕택에 배우자에게 재정적으로 덜 의존한다. 그러나 진짜 흥미로운 대목은, 부모 중 한 명이 부모 보조금을 신청할 수 있는 기간은 12개월뿐이라는 점이다. 나머지 2개월은 배우자가 휴직했을 때 비로소 지급된다. 안 그러면 이 2개월의 지원금은 사라진다. 갑자기 많은 남자들이 최소한 2개월을 휴직하고 아기를 돌봤다. 이런 '아버지 달'이 엘리자베트 젤베르트의 제3조 2항을 지지했다. 법은 고정관념을 바꾸는

데 공헌할 수 있다. 그리고 그것을 위해 아무도 불이익을 당하지 않아도 된다.

그러나 실제 직장 생활에서는 남녀평등 문제가 엎친 데 덮친 격으로 복잡할 때가 많다. 예를 들어 남자 혹은 여자가 차지할 수 있는 공석이 생길 때가 그렇다. 이것으로 우리는 다시 에밀과 그의 동료 리타에게로 돌아왔다. 브레멘 주의 평등법은 '기존의 불이익'을 제거하고자 한다.

리타 역시 공학자이다. 그녀는 에밀과 비슷한 연배이고 산림청에서 15년째 일하며 녹지 조성, 어린이 놀이터 설치 등 120개 프로젝트를 진행했다. 그녀 역시 에밀처럼 수많은 연수에 참가했다. 그러나 승진의 기회는 남자 동료들이 차지했고 지금까지 늘 남자들이 부서를 이끌었다.

리타는 속으로 물었다. 여자 부서장을 상상하지 못하는 남자들의 고정관념 때문에 왜 내가 불이익을 받아야 하지? 과거에 여자들이 당했던 불평등을 어째서 내가 직접 나서서 해소해야 하지?

여기서 헌법 제3조의 두 문장이 갈린다. 누구도 성별 때문에 불이익을 당해선 안 된다. 그러나 기존의 불이익을 없애야 한다. 기존의 불이익을 없애기 위해서는 리타가 승진해야 마땅하다. 하지만 그러려면 에밀이 성별 때문에 불이익을 당하게 된다. 같은 조항 안에서 서로 부딪히고 만다! 이 충돌을 어떻게 해결해야 할까? 에밀이 불이익을 받지 않으면서 동시에 리타를 도울 수 있는 타협안을 어떻게 찾을 수 있을까?

가능한 방법을 살펴보면, 우선 극단적인 경우로 '엄격한 할당제'가 있다. 자격 요건과 상관없이 무조건 여자가 남자보다 우선하는 경우다. 이럴 경우 남녀 모두가 기피하는 일이 벌어질 것이다. 여자들은 실력이 아니라 할당제 덕분에 승진했다는 의심을 받을 수밖에 없다. 그리고 남자들은 실력과 상관없이 오랫동안 승진 기회를 얻지 못하게 된다. 엄격한 할당제는 남녀평등에 필요 이상으로 큰 차별을 야기한다. 그러므로 엄격한 할당제는 적합한 타협안이 될 수 없다. 할당제보다 실력이 우선해야 한다. 이것이 갈등 해소의 첫 번째 조건이다. 브레멘 주의 평등법은 이 조건을 만족시킨다. 에밀과 리타는 자격 조건이 똑같다.

그러므로 자동적으로 에밀이 밀려나야 할까? 만에 하나 에밀이 혼자 두 아이를 길러야 하는 편부라면 어떻게 될까? 리타가 이미 부서장으로 승진을 해서 그보다 직책이 높은데 지금은 그저 부서만 바꾸는 것이라면? 이런 경우에도 리타가 '자동적으로' 우선시 된다면, 에밀은 필요 이상으로 차별을 받게 된다. 그러므로 평등을 위한 적합한 할당제에는 특별한 상황을 배려할 수 있는 공식적 유보 조건이 있어야 한다. 두 사람의 자격이 똑같다면, 기본적으로 여자가 우선한다. 그러나 무조건 여자가 우선하는 건 아니다. 개별 상황에서 다르게

114

결정할 근거가 있다면 그 근거를 배려해야 한다. 이렇게 하면 남자들의 모든 희망을 적어도 성급하게 박탈하지는 않는다.

1995년 에밀의 소송을 맡았던 유럽 법원은, 실력을 우선으로 하고 공식적인 유보 조건이 있는 할당제만이 합당한 평등을 이룰 수 있다고 보았다. 과거의 불평등을 해소하기 위해 특정 수준까지는 남자보다 여자를 우선시한다. 그러나 필요 이상으로 남자에게 불이익을 주어선 안 된다. 브레멘 주의 평등법은 자동으로 리타를 우선시했기 때문에, 그러니까 공식적인 유보 조건이 없었기 때문에 에밀에게 적용해서는 안 된다.

20년이 더 지난 현재 공기업에서는 어느 정도 변화가 있다. 그러나 사기업에서는 여전히 여자들이 고위직에 오르는 경우가 아주 드물다. 독일은 최근에 첫 할당제를 제안했다. 거대 주식회사들의 경우 감사기관의 감사위원은 남녀 각각이 적어도 30퍼센트를 차지해야 한다. 이 할당제는 실력과 상관없이 자동으로 적용된다. 예외는 없다. 30퍼센트에 도달할 때까지는 자리가 날 때마다 무조건 여자가 그 자리를 차지해야 한다. 남자 후보자와 비교해서 실력이 어떻든 상관하지 않는다. 여성 후보자가 없으면 그 자리를 공석으로 둔다. 이 할당제는 매우 엄격하다.

기업의 감사위원은 비록 채용되거나 지원자를 받는 것이 아니라 주주들이 선출하는 특별한 직위지만, 여기서도 국가는 기존의 불이익을 해소하기 위해 필요 이상으로 한 성별을 차별해선 안 된다. 법원이 리타와 에밀을 위해 개발했던 기본 원칙과 감사기관의 할당제는 맞지 않는다. 그것은 실력을 우선으로 하지도 않고 공식적인 유보 조건도 없기 때문이다. 그러므로 또 다른 리타와 에밀이 조만간 다시 법정에 서는 일이 충분히 생길 수 있다.

모든 사람은 법 앞에 평등하다. 그렇다면 다른 생물에 대한 우리의 태도는 어떠한가? 다음 장에서 이 문제를 다뤄 보자.

Chapter 5.

인간은 동물과 자연보다
우월한가?

접시에 담긴 홀로코스트

어느 겨울 밤 10시, '괴물지하실'. 토끼의 목덜미에 몽둥이가 떨어진다. 검은색 가죽점퍼를 입은 여자가 토끼를 은쟁반에 올려 30명의 관객 코앞에 들이댄다.

관객은 토끼의 털이 뽑히고 뽑혀 바닥에 수북하게 쌓이는 광경을 빤히 본다. 도축업자가 토끼의 발을 고정한다. 가죽점퍼 여자가 토끼의 목을 비틀자 우두둑 소리가 정적을 깬다. 여자는 통나무 도마 위에 누운 토끼의 목을 칼로 내리치고, 잘린 토끼의 머리를 턱수염이 난 비쩍 마른 남자에게 건넨다. 남자는 토끼 머리를 줄에 묶어 무색의 액체가 든 유리병에 담근다. 그 옆에서는 도축업자가 토끼의 내장을 꺼낸다.

이것은 〈토끼의 죽음〉이라는 제목의 행위 예술이다. '괴물지하실'은 베를린미테 구역에 있는 갤러리이고 비쩍 마른 남자는 예술가이다. 그는 뒷방에서 두 번째 토끼를 꺼내와 같은 과정을 반복한다. 이번에는 여자가 토끼의 머리를 토막낸다. 괴물지하실 갤러리는 나중에 〈포르말린 속의 토끼〉라는 예술 작품을 9800유로에 내놓았다. 토끼 머리가 통째로 들어 있는 유리병.

공연이 끝나고 한 리포터가 예술가에게 뒷일이 걱정되지 않느냐고 물었다.

"저는 겁쟁이가 아닙니다." 예술가가 말했다.

동물보호법에 따르면, 합리적인 이유 없이 척추동물을 죽이는 사람은 자유형 3년에 처해질 수 있다. 이 법은 '같은 피조물로서 인간이 가지는 동물에 대한 책임'을 근거로 동물의 생명과 안녕을 보호한다. 또한 동물보호법은 어느 누구도 동물을 죽여선 안 된다고 명시한다. 동물에게 고통, 고난 혹은 그 밖의 해를 입혀선 안 된다. 오직 '합리적인 이유'가 있을 때만 예외적으로 동물을 죽일 수 있다.

동물을 먹는 것은 합리적인 이유로 통하고 사람들은 이것을 '육식'이라 부른다고, 예술가가 대답했다. 〈토끼의 죽음〉 공연 일주일 뒤에 그는 열두 명의 사람들과 식탁에 앉아 '살구를 곁들인 토끼'를 먹었다. 그 토끼는 '괴물지하실'에서 공연할 때 잡은 토끼였다. 그는 자신의 행위 예술을 통해, 동물을 먹는 것은 아무리 외면하려 하더라도 동물을 죽이는 것과 같음을 일깨움으로써 '육식자들의 양심'을 괴롭히고자 했다.

이 비쩍 마른 예술가는 고발을 당했다. 그는 법정에서 자신의 행위는 예술이라고 주장했다. 헌법 제5조 3항에 예술은 자유롭다고 적혀 있다. 토끼를 죽인 행위 예술가는 2009년 법정에서 물었다. 동물이 인간과 예술보다 가치 있나?

이런 질문을 한 사람은 그가 처음이 아니다. 20년 전에 이미 카셀의 '도쿠멘타' 예술 박람회 관람객들이 이런 질문을 했고 그다음에는 법원이 고민했다. 이때도 동물을 이용한 공연이 문제였다. 귀에 거슬리게 연주되는 독일 국가에 맞춰 한 여성 예술가가 소시지와 거친 통나무 구조물 사이에서 움직였다. 그녀의 몸에는 검정빨강노랑 독일 국기의 색이 칠해져 있었다. 예술가는 소시지를 조각내고 통나무와 싸웠다. 그러고는 어항에 조각낸 소시지와 계란을 넣어 섞은 후 몇 센티미터 두께의 반죽을 만들었다. 반죽 위에 잉꼬 한 마리를 앉혀 약 10초 동안 유리 어항을 흔들어댔다. 이때 다시 독일 국가가 울려 퍼졌다. 예술가가 유리 어항을 내려놓자 잉꼬가 밖으로 튀어나와 바닥에 쓰러져 힘없이 파닥거렸다. 조수들이 잉꼬를 화장실로 데려가 세면대에 넣어 씻겼다.

예술가는 우리 사회가 학대받는 아이나 구타당하는 여성보다 매 맞는 개에게 더 많은 관심과 동정을 보낸다며 그 실태를 행위 예술로 폭로하고자 한다고 말했다.

실제로 어항 속 잉꼬 때문에 시끄러워졌다. 예술가는 폭행, 강제노동수용소, 살해가 언급되는 익명의 협박 편지를 무수히 받았다. 또한 동물학대죄로 1056마르크의 벌금을 내야 했다. 예술가는 소송을 냈고 법정에 섰다.

법원은 사무적으로 설명했다. "계란과 소시지 반죽에 동물을 욱여넣고, 바닥에 쓰러져 파닥거리며 날지 못하는 동물을 방치하고, 물과 걸레로 동물을 씻기는 행위는 동물에게 막대한 공포심을 주고 맥박수를 과하게 올린다. 이 일로 잉꼬는 극심한 고통과 고난을 당했다. 이것은 명백한 동물 학대다."

그럼에도 법원은 예술가를 방면했다. 예술의 자유는 '법률 유보의 원칙'에 지배되지 않기 때문이다. 보통의 법률, 보통의 의회는 예술의 자유를 제한할 수 없다. 헌법에 명시된 다른 조항만이 예술의 자유를 제한할 수 있다. 1989년의 예를 들면 인간적인 삶, 사유재산, 명예가 여기에 속했다. 그러나 동물 보호는 아니다. 동물보호법은 그저 '보통의' 법에 불과하다. 동물 보호는 예술의 자유 뒤에 있어야 한다.

그러나 이 시기에 이미 헌법에 새로운 조항을 추가하는 것에 대한 토론이 시작되었다. 1972년의 한 연구가 세계를 흔들어 놓았다. 전 세계의 전문가들로 구성된 조직으로 후대를 위한 환경 보존에 애쓰는 로마클럽이 '성장의 한계'를 발표한 것이다. 연구 보고서에 따르면, 우리가 지금처럼 자연을 대하면

백 년 뒤에는 종말이 온다.

'환경문제'가 세간을 흔들었다. 어떤 사람들은 환경보호를 헌법에 넣고자 했다. 그들은 독일이 복지사회국가라고 헌법에 명시된 것처럼 환경보호를 국가의 목표로 헌법에 명시해야 한다고 주장했다. 그러나 이 제안은 과반수의 동의를 얻지 못했다. 독일 통일 과정에서 비로소 한 위원회가 국가의 목표를 수정했다. 바야흐로 환경보호의 시대가 왔다.

그러나 정확히 뭐라고 헌법에 명시해야 할까? 특히 두 가지 질문이 싸움에 불을 붙였다.

첫 번째 질문. 환경보호는 그 자체로서 목적인가 아니면 인간을 위한 것인가? '환경 중심적' 관점은 환경에 필요한 것에 초점을 두고 묻는다. 환경은 우리에게 무엇을 원하는가? 환경은 인간과 별개로 고유한 가치를 갖는다. 환경 중심적 관점에 따라 우리는 사과나무가 잘 자랄 수 있게 사과나무를 보호한다. 설령 사과가 열리지 않더라도 사과나무는 우리의 보호를 받을 자격이 있다.

반대 관점은 인간에게 필요한 것에 초점을 두고 묻는다. 인간은 환경으로부터 무엇을 원하는가? 환경이 그것을 인간에게 제공할 수 있게 하려면 우리는 환경의 무엇을 보호해야 하는가? '인간 중심적' 관점에 따르면, 우리는 사과를 수확하기 위해 사과나무를 보호한다. 사과가 열리지 않으면 사과나무는 우리의 보호를 받을 자격이 없다. '인간'은 그리스어로 'anthropos'이고 그래서 이 관점을 'anthropocentric', 즉 인간 중심적 관점이라 부른다. 인간 중심적 관점을 대표하는 사람들은 '인간을 위한' 자연적 생활 기반만 보호되어야 한다고 헌법에 명시하고자 한다.

두 번째 질문. 환경보호는 헌법의 다른 조항들과 어떤 관계를 가져야 하는가? 사유재산, 예술, 종교, 학문과 어떤 비례관계에 있어야 하나? 환경 중심적 관점을 대표하는 사람들은 환경보호를 다른 조항보다 더 높은 곳에 두고자 한다. 그러므로 그들은 '특별한' 환경보호를 요구한다.

두 진영 사이에 치열한 싸움이 벌어졌고 서로 애기조차 나누지 않을 때가 비일비재했다. 계획이 실패할 위험에 처했을 때 두 진영은 처음의 견해 차이를 극복하고 극적인 타협을 이루었다. 헌법이 45세가 된 1994년에 새로운 조항 20a가 추가되었다. "국가는, 장래의 세대들에 대한 책임 하에, 자연적 생활 기반을 보호한다." 한쪽은 '인간을 위한'이라는 낱말을 포기하고 다른 한쪽은 '특별한'이라는 낱말을 포기한 타협이었다.

이 조항은 동물에게 무엇을 뜻할까? 동물은 '자연적 생활 기반'에 속한다. 국가는 가능한 한 어떤 동물 종도 멸종하게 내버려 두어선 안 된다. 그러나 이 조항은 개별 동물의 운명을 돌보지 않는다. 동물 보호를 헌법에 언급하고자 하는 노력은 1994년 당시 아직 과반수를 얻지 못했다.

그러나 2002년에 갑자기 바뀌었다. 헌법재판소가 '도축 판결', 즉 종교적 이유에서는 동물을 마취 없이 도축할 수 있다고 판결한 것이다. 많은 이들이 이 판결에 반대했다. 그들은 대대적으로 시위를 했고 헌법재판소와 정치가들에게 항의 편지를 보냈다. 설문 조사에서는 국민의 약 80퍼센트가 동물 보호를 헌법에 명시하는 데 찬성했다. 같은 해에 의원들도 동참했다. 그들은 20a조항에 '동물'을 추가하여 그 후로 20a조항은 이렇다. "국가는, 장래의 세대들에 대한 책임 하에, 자연적 생활 기반과 동물을 보호한다."

새로 추가한 '동물' 두 글자는 어떤 효력을 낼까? 헌법에 명시된 동물 보호가 인간과 동물의 관계를 변화시켰을까? 동물 역시 인간의 존엄성과 비슷한 고유한 존엄성을 얻었을까? 여러 동물보호자들이 오래전부터 동물을 반려생물로 인정하고 '인간과 똑같이 존중할 것을' 요구했다.

곧 다른 연관성에서 그리고 첨예화된 방식으로 이 문제가 제기되었다. 2004년 3월, 동물보호단체 '페타Peta'는 동물들이 인간의 접시에 담기기 위해 집단으로 갇히고 살해된다는 것을 눈앞에서 보여 주고자 했다. 그들은 그것을 위해 강렬한 현수막을 만들었다. 현수막마다 사진 두 장이 나란히 부착되었다. 굶주려 여윈 소와 보호소의 헐벗고 비쩍 마른 난민, 도축된 돼지더미와 인간의 시체더미, 좁은 양계장의 닭들과 좁은 공간에 비좁게 누운 유대인강제수용소 수감자들. 이 캠페인의 제목은 '접시에 담긴 홀로코스트'였다. 제목 아래 다음과 같은 글귀가 적혔다. "1938년에서 1945년까지 1200만 명이 홀로코스트로 죽었다. 그만큼의 동물들이 유럽에서 인간에게 먹히기 위해 매시간 살해된다." 이 현수막이 걸리기 전에 독일 유대인협회 회장이 캠페인에 반대하는 소송을 냈다.

법정에서 페타는 주장했다. "우리는 현수막을 통해 인간의 가치를 떨어트리려는 게 아니라 그 반대다. 우리는 동물의 가치를 올리고자 한다. 우리의 현수막은 인간만 고난을 받는 게 아니라 동물 또한 고난을 받을 수 있음을 숙고하게 할 것이다."

자연과학자들이 오래전부터 이 문제를 토론했다. 동물과 식물이 인간처럼 기쁨과 고난을 느낄 수 있을까? 적어도 고등동물들이 고통을 느끼는 것은 확실하다. 개가 고통스러워하는 것을 모두가 확인할 수 있다. 그러나 우리는 개가 아니기 때문에 개가 정확히 어떻게 느끼는지는 모른다. 그렇다면 식초 덫에 걸린 파리는 어떻게 느낄까? 꺾이는 꽃은 무엇을 느낄까? 이것에 대해 우리는 아는 바가 없다.

이런 불확실성을 법적으로 어떻게 다뤄야 할까? 법원은 의심의 여지가 없는 한 가지 길을 간다. 설령 동물이 인간과 똑같이 느끼더라도 헌법은 인간의 존엄성을 중심에 둔다. 인간의 존엄성은 헌법 제1조 1항에 명시되고 불가침이다. 모든 기본권이 인간의 존엄성과 연결된다. 인간의 존엄성이 법의 회전축이자 중심축이다. 동물보호조항인 20a는 이것을 바꾸지 못한다. 헌법재판소는 페타 소송에서, "동물이 헌법의 보호를 받는다 해도 천부적인 인간의 존엄성과 동물 보호 사이에는 엄연한 범주의 차이가 있다"고 설명했다. 범주의 차이가 있다는 말은 헌법에서 인간과 동물이 다른 수준에 있다는 뜻이다. 인간을 동물과 같은 수준에 두는 사람은 인간을 비하한 것이라고 헌법재판소는 판결했다. 그러므로 페타의 현수막은 홀로코스트 희생자들을 모욕한 것이다. 헌법재판소는 페타의 현수막 사용을 금지했다. 유럽 인권법원 역시 같은 판결을 내렸다.

헌법 제1조는 '영구 보장'된다. 의회가 어떤 합의를 하든 이 조항만큼은 절대 바꿀 수 없다. 국민들 스스로 새로운 헌법을 만들지 않는 한, 인간의 존엄성은 언제나 법의 중심에 머문다. 만에 하나 자연과학이 적어도 몇몇 동물들은 인간과 비교할 만한 법적 보호를 받을 자격이 있다는 증거를 내놓는다면 우리는 어떻게 해야 할까?

첨예화된 페타 소송과 별개로 보면, 헌법재판소가 판결한 '범주의 차이'는 그렇게 강제적이지 않은 듯하다. 인간의 존엄성을 축소하지 않으면서 동물을 반려생물로서 인간과 똑같이 존중할 수는 없을까? 게다가 인간의 존엄성 역시 우리가 다른 생물의 존엄성도 존중하기를 요구하지 않나? 당연히 동물을 인간보다 우위에 두어선 안 된다. 그리고 아무리 열성적인 동물보호자라도 그것을 요구하진 않는다.

그러나 우리가 동물을 반려생물로서 인간과 똑같이 법적으로 존중하게 되면, 극적인 결과가 생길 터이다. 이를테면 아무도 동물을 죽이고, 먹고, 가두고, 동물에게서 우유와 계란을 빼앗아 오고, 실험에 사용해선 안 된다. 물론 이것은 인간의 존엄성을 해치지 않겠지만 우리 사회는 이런 방식으로 유지될 수 없다. '동물 사용'이 우리 일상에 너무 깊게 자리 잡았다. 동물을 법적으로 인간과 같은 수준에 둘 수 없는 진짜 이유는 헌법 제1조보다 우리의 현실 생활에 있다.

당연히 가치관은 바뀔 수 있다. 그래서 어떤 사람들은 노예나 원주민들에게 똑같은 법적 권리를 보장하는 것을 생각조차 못했던 때가 있었음을 지적한다. 노예나 원주민들이 동등한 법적 권리를 얻기 위해서는 우선 해방 전투가 필요했다. 어쩌면 여러 해 뒤에 우리는 노예를 재산으로 여겼던 때를 회상하는 것처럼, 고개를 저으며 동물을 먹었던 때를 회상할지 모른다.

그렇다면 오늘날 헌법에 명시된 동물 보호는 어떤 차이를 만들까? 헌법이 동물을 인간과 같은 수준에 두지 않더라도, 국가는 동물이 불필요하게 고난을 받지 않도록 해야 한다. 이것은 윤리에 근거를 두는 동물 보호다. 비록 국가가 예전부터 동물보호법으로 동물을 보호했더라도, 앞에서 보았듯이 그것은 잉꼬에게 아무 도움이 되지 못했다. 그러나 과거의 '단순한' 동물보호법과 지금 헌법에 명시된 동물 보호는 전혀 다르다. 이제 동물 보호는 헌법에 명시된 다른 조항들, 예를 들어 종교의 자유, 학문의 자유, 예술의 자유와 어깨를 나란히 한다. 이제 동물 보호는 이런 기본권에 맞설 수 있다. 하지만 무조건 이런 기본법을 이긴다기보다 단지 동등한 지위에 있는 것이다. 우리는 개별 사례에서 동물 보호와 다른 가치들의 무게를 비교해야 한다.

말하자면 동물 보호는 학문의 자유보다 위에 있는 것이 아니라 나란히 있는 것이다. 동물 보호를 근거로 애초에 동물실험을 막을 수는 없다. 그러나 학문의 자유를 제한할 수는 있다. 동물실험은 중요한 학문적 목적을 위해 '반드시 필요한' 경우에만 가능하다. 동물실험을 할 때는 필요 이상으로 동물을 괴롭히지 않도록 모든 방지책을 마련해 두어야 한다. 척추동물일 경우, 실험을 위해 동물이 받는 고통이 윤리적으로 받아들일 만해야 한다.

이것으로 우리는 다시 토끼 사례로 돌아왔다. 도쿠멘타의 잉꼬와 '괴물지하실'의 토끼 사이에는 20년의 세월뿐 아니라 동물 보호의 헌법 명시도 있다. 잉꼬의 경우와 달리 토끼의 경우는 이제 자동으로 예술의 자유가 동물 보호를 이기지 않는다. 둘 다 헌법에 명시되었기 때문에 둘의 무게를 비교해야 한다.

저울질의 결과는 이렇다. 토끼의 죽음은 예술의 불가피한 부작용이 아니었다. 예술가는 자신의 주장을 표현할 다른 가능성이 많았다. 사진, 그림, 동물 인형, 팬터마임 등. 동물을 죽이지 않고 예술을 하라고 요구하더라도 예술가에게는 충분한 예술적 자유가 남아 있다. 그러나 예술가는 동물을 심하게 해쳤다. 그는 토끼 두 마리를 죽였고 그것을 기념했다. 그것은 예술의 자유에 불필요한 행위였다고 법원은 판결했다. 예술가와 그의 조수들은 처벌을 받았다.

동물 보호는 먹기 위해 토끼를 죽이는 것을 허락한다. 육식은 '합리적인 목적'이기 때문이다. 그러나 관중들이 보는 앞에서 토끼를 죽이고 그것을 먹는 것은 '합리적인 목적'이 아니다. 이것이 모순처럼 느껴지는가? 그렇다면 예술가는 자신의 행위로 도달하고자 했던 것을 이룬 셈이다.

'합리적인 이유 없이' 동물에게 어떤 고통도 주어선 안 된다는 견해에는 약점이 있다. 동물의 고통을 인간이 판단한다는 점이다. 인간은 동물이 무엇을 느끼는지 알 수 없는데도 말이다. 인간이 인간의 관점에서 무엇이 '합리적인 이유'인지를 결정한다. 어쩔 수 없다. 우리는 동물의 기분을 짐작만 할 수 있다. 미래의 어느 날 동물에게 고유한 법적 권리를 인정하더라도 동물들은 자신의 권리를 주장할 수 없다. 동물의 권리를 인정한다는 것은 인간이 동물의 권리를 위해 소송을 제기한다는 뜻일 뿐이다. 이것이 바로 대부분이 지적하는 동물 해방운동과 노예나 원주민의 해방운동과의 차이다. 노예나 원주민의 해방운동에서는 억압받았던 자들이 스스로 자신의 권리를 주장할 수 있었다.

아무튼 인간은 단지 자신의 인식을 기반으로 환경과 동물을 보호할 수 있다. 그러므로 인간이 과연 인간 중심적 관점이 아닌 다른 관점에서 법을 만들 수 있을지 의심스럽다.

다른 생물이 어떻게 느끼는지, 그들이 우리와 어떤 관련이 있는지, 우리가 누구에게 얼마나 의존하게 될지 우리는 정확히 알지 못한다. 그렇기 때문에 많은 이들이 '생태적 신중 원칙'을 주장한다. 모호할 때는 부족한 보호보다는 차라리 과한 보호가 낫다. 이 견해는 너무 늦게 등장해서 어항 속의 잉꼬에게 도움을 주지 못했다. 그러나 이것이 언젠가 우리 자신을 도울지 모른다.

많은 사람들이 유대교 의식의 마취 없는 도축에서 불쾌감을 느꼈기 때문에 동물 보호가 헌법에 명시되었다. 그렇다면 동물 보호는 '유대교의 도축 의식'을 어떻게 변화시켰을까? 다음 장에서 알아보자.

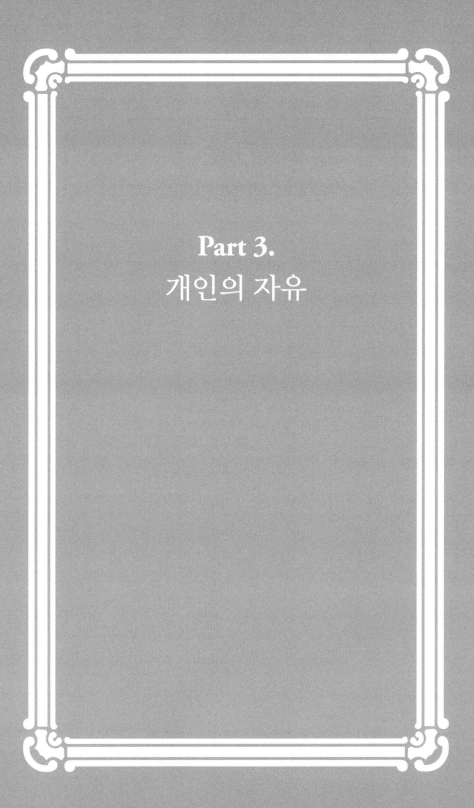

Part 3.
개인의 자유

Chapter 1.

종교의 자유는 언제나 불가침인가?

할례와 치유 기도

"어떻게 된 겁니까?"

2010년 11월 쾰른 대학병원의 응급실에서 의사가 물었고, 나디아는 제대로 대답할 수가 없었다. 튀니지에서 태어난 그녀의 독일어가 서툴러서였을 것이다. 어쩌면 너무 흥분해서. 어쩌면 그녀 자신도 뭐가 어떻게 된 일인지, 무엇이 맞고 틀린지 정확히 알지 못했기 때문일 것이다. 나디아는 그저 모든 일을 제대로 잘 하고 싶었다. 그러나 이제 그녀가 할 수 있는 것은 피를 가리키는 것뿐이었다.

피는 멎지 않고 계속 흘렀다. 그녀의 네 살짜리 아들에게서. 나디아는 이틀 전에 아들을 데리고 쾰른에 사는 시리아 출신 의사에게 갔다. 의사는 아이의 음경에 메스를 댔다. 귀두 아랫부분을 둥글게 잘라 포피를 벗겨내고 네 바늘로 상처를 봉합했다.

포피를 제거해야 할 질병이 있었던 건 아니다. 부모가 종교적 이유에서 아들에게 포경수술을 시킨 것일 뿐. 그들은 이슬람교 신자였고 그들의 아이도 이슬람교 신자임을 나타내는 데 꼭 필요한 것이 할례였다.

응급실 의사는 다행히 지혈에 성공했다. 그러나 너무 기이한 상황이라 그는 이 일을 그냥 넘어갈 수 없었다. 누군가 불법으로 포경수술을 했을까? 의사는 경찰에 신고했고 시리아 출신 의사는 신체 상해죄로 기소되어 법정에 섰다.

타인의 신체에 해를 입히는 것이 신체 상해죄이다. 다른 사람의 몸에 칼을 대는 모든 행위가 신체 상해에 속한다. 설령 그가 의사이고 수술 메스를 썼고 수술이 의학적으로 성공했더라도. 환자가 이것에 동의했을 때만 의사는 처벌을 면할 수 있다.

아무도 아이에게 동의를 구하지 않았다. 자기 의견을 말하기에 아이가 너무 어렸을 터이다. 그러므로 아이의 부모가 대신 신체 상해에 동의해도 되었을까? 기본적으로 부모는 의학적 이유 없이 자식이 신체 상해를 입도록 결정할 수 없다. 헌법은 아이의 생명과 건강을 보호한다.

시리아 출신 의사는 부모의 종교적 신념을 근거로 댔다. 의사 자신처럼, 그들 이전의 수많은 부모처럼, 이슬람교와 유대교, 그 이전의 수많은 의사들처럼. 아무도 그런 부모를 법정에 세울 생각을 하지 못했다. 다른 많은 이들처럼 시리아 출신의 의사 역시 자신의 행동이 신체 상해일 수 없다고 확신했다.

헌법 제4조 1항에 있다. "신앙과 양심의 자유 그리고 종교적, 세계관적 신념의 자유는 불가침이다." 이 조항에는 네 가지가 들어 있다. 첫째, 나는 내적으로 나만의 고유한 신념을 가져도 된다. 둘째, 나는 이 신념을 말과 행동으로 실천해도 된다. 이것은 '적극적 자유'이다. 반대로 셋째, 국가는 특정 신념을 갖도록 내게 강요해선 안 된다. 넷째, 특정 신념을 실천하도록 강요해선 안 된다. 이것은 '소극적 자유'이다.

이 사건 이전에 쾰른에서는 또 다른 사건으로 이미 종교의 자유가 어디까지 허용되는지 확인한 바 있다. 베른트는 기독교 가정에서 자랐다. 그의 부모는 지역 교회에서 활동하고 아버지는 종교 모임을 이끌었다. 가족은 늘 기도했고 하나님이 모든 일을 바르게 이끄신다고 믿었다.

어느 날 베른트는 병이 났고 교회 형제 모임에서 위로를 받았다. 게다가 공동체의 치유 기도를 통해 건강을 되찾았다. 그는 치유 기도 덕분에 병이 나았다는 것을 확신했다. 이후 기도 모임에서 사라를 만났고 두 사람은 결혼하여 세 아이를 낳았다.

그리고 넷째가 한밤중에 집에서 태어났다. 사라는 합병증을 앓았고 출혈이 너무 심했다. 조산사가 급한 마음에 의사를 불렀다. 그러나 사라와 베른트는 기도만을 고집했다. 그들은 기도로 병을 치료하고자 했다.

사라의 상태는 악화되었고 의사는 당장 병원으로 가서 수혈해야 한다고 말했다. 그러지 않으면 사라는 죽을 것이라고.

베른트는 의사에게 설명했다. 하나님께 간절히 도움을 청하면, 우리의 믿음이 강하면, 하나님께서 아내를 치료해 주실 것이라고. 그는 형제 모임이 가르쳐 준 성경 말씀을 아내에게 상기시켰다. "너희 중에 병든 자가 있느냐? 그는 교회의 장로들을 청할 것이요. 그들은 주의 이름으로 기름을 바르며 그를 위하여 기도할지니라." 신약성경 야고보서의 말씀이다. "믿음의 기도는 병든 자를 구원하리니 주께서 그를 일으키시리라."

사라 역시 병원에 가기를 거부했다. 그녀는 기도 모임의 한 형제를 불렀고 셋은 사라의 생명을 위해 기도했다.

기도 후 사라는 죽었다.

울름 지방법원은 베른트에게 방조죄 판결을 내렸다. 그는 남편으로서 병원에 가자고 아내를 설득했어야 했다. 그럼에도 그는 오히려 아내가 의사의 충고를 무시하도록 부추겼다. 법원은 베른트가 자신의 신념에 반하는 행동을 했어야 한다고 판결했다. 대신 처벌은 약하게 내려졌다. 200마르크 벌금형 혹은 자유형 열흘. 처벌이 약하더라도 유죄판결에는 변함이 없다. 도움을 주지 않은 것은 처벌될 수 있다. 베른트는 자신이 아내를 돕지 않았다는 판결에 동의할 수 없었다. 그의 관점에서 치유 기도는 자신이 할 수 있는 최선의 도움이었기 때문이다. 그는 이것을 헌법재판소로부터 인정받고자 했다.

베른트의 행동은 종교의 자유에 포함될까? 개신교는 아내가 위독할 때 병원에 가지 말고 집에서 기도로 치료하라고 요구하지 않는다. 그러나 종교의 자유는 세계적인 종교의 공식적인 교리에만 해당되는 게 아니다. 소규모의 종교 집단도 고유한 신념을 가질 수 있다. 신념에는 좋고 나쁨이 없다. 국가는 신념의 경찰관 구실을 해선 안 된다. 중요한 것은 누군가 특정 신앙 교리를 스스로 의무로 느끼는 것이다. 베른트의 경우가 그렇다. 그의 신앙은 수혈보다 기도를 더 신뢰하라고 요구했다.

그리고 종교의 자유는 '불가침'이라고 헌법 제4조에 명시되었다. 형법 같은 보통의 법으로 이 자유를 제한할 수 없다. 그러므로 종교의 자유는 실제로 범죄구성요건을 없앨 수 있다고 헌법재판소는 판결했다. 베른트는 법을 어긴 것이 아니라 법이 요구하는 대로 아내를 구하고자 했던 것이다. 그는 아내를 구하는 데 치유 기도가 최선이라고 확신했다. 그래서 헌법재판소는 그의 유죄판결을 파기했다. 1971년에 있었던 일이다.

종교가 모든 것 위에 있는 것일까? 종교가 형법을 비롯한 모든 다른 법 위에 있을까? 그렇다면 쾰른의 시리아 출신 의사 역시 처벌을 받지 않아도 된다.

그러나 베른트의 소송에서는 눈에 보이는 것보다 사소하게 사건이 다뤄졌다. 현장에서는 사느냐 죽느냐가 달린 문제였지만 법정에서는 아니었다. 사라는 의식이 있었고 병원에 가지 않기로 스스로 결정했다. 결정권은 베른트에게 있지 않았다. 사라의 목숨은 베른트의 의지에 달려 있지 않았던 것이다. 사라에게 의식이 없었더라면 아마 판결은 달라졌을 터이다. 그렇기 때문에 베른트의 죄는 아내를 죽인 것이 아니다. 그의 잘못은 그저 아내가 결심을 바꾸도록 설득하지 않은 것이다. 국가는 그에게 그것을 강요해선 안 된다. 아내를 설득하는 것이 그의 종교적 신념과 모순되기 때문이다. 또한 누군가를 그냥 설득하는 것은 그렇게 중대한 일이 아니다.

하지만 손에 칼을 들었다면 얘기는 완전히 달라진다. 칼로 신체를 해치는 행위가 종교의 자유로 정당화될 수 있을까?

쾰른의 시리아 출신 의사만 칼을 쓴 게 아니다. 이브라힘 역시 종교를 근거로 칼을 썼다. 심지어 그는 칼을 목에 댔다. 그의 칼은 특별했다. 이 하나 빠지지 않은 아주 잘 드는 칼이었다. 크고 재빠른 단 한 번의 움직임이 기관지, 식도, 경동맥을 잘랐다. 동물이 피를 흘렸다. 게다가 이 동물은 마취도 되지 않은 상태였다. 마취 없는 도축, 그것이 중요했다. 이브라힘은 종교 의식으로서 동물을 죽였다.

　이브라힘은 헤센에서 정육점을 운영한다. 그는 자신의 정육점 고객들과 마찬가지로 신실한 수니파 무슬림이다. 그들은 종교적 이유에서, 종교 의식에 따라 마취하지 않고 도축한 고기만 먹고자 했다.

　그러나 동물보호법은 항온동물을 도축할 때 반드시 먼저 마취를 해야 한다고 규정한다. 이것은 이브라힘의 직업뿐 아니라 종교적 행위까지 제한한다.

동물보호법은 '보통의' 법이다. 그러나 국가의 동물 보호 의무는 동물보호법에만 명시된 게 아니다. 2002년 이후로 헌법 제20a조에 동물 보호가 명시되었다. 앞 장에서 우리는 그것이 차이를 만든다는 것을 확인했다. 그것이 이브라힘의 사례와 베른트의 사례를 다르게 만든다. 헌법은 한편으로 종교의 자유가 불가침이라고 말한다. 그러나 다른 한편으로 국가는 동물을 보호해야만 한다. 동물이 불필요한 고통, 고난, 상해를 받지 않도록 보호해야 한다. 헌법에서 두 조항은 나란하다. 헌법은 하나를 다른 것보다 더 우위에 두지 않는다.

　두 조항이 싸우게 된다면 어떻게 될까? 그러면 둘 다 논리적 한계에 부딪힌다. 이것이 '헌법의 내재적 한계'이다. 이 한계는 종교의 자유처럼 '불가침'인 기본권에도 적용된다.

　실제로 이런 한계를 어떻게 극복할까? 껍질을 벗긴 삶

은 달걀 두 개를 상상해 보자. 달걀 두 개가 들어가기에는 살짝 비좁은 유리컵에, 달걀 두 개를 깨트리지 않고 모두 넣어야 한다. 껍질을 벗긴 삶은 달걀 두 개를 유리컵에 밀어 넣을 때 놀라운 일이 발생한다. 각 달걀이 살짝 일그러지면서 다른 달걀에게 자리를 내 준다. 약간의 여유도 없이 딱 필요한 만큼만. 두 달걀은 유리컵 안에서 서로를 파괴하지 않는 선에서 자기 공간을 가능한 한 넓게 차지한다.

헌법에서 어깨를 나란히 하고 서로를 파괴하지 말아야 하는, 예를 들어 종교의 자유와 동물 보호 조항 역시 이와 같다. 둘은 가능한 한 넓게 자기 공간을 차지하면서 정확히 필요한 만큼만 다른 조항을 위해 자리를 내 줘야 한다. 그러니까 이브라힘의 사례에서 우리는 동물 보호와 종교의 자유 모두를 지킬 수 있는 절묘한 균형이 필요하다. 최고의 타협이 필요하다.

어떻게 타협해야 할까? 아무도 육식을 강요하지 않는다. 그럼에도 독일에서 육식은 일상에 속한다. 육식은 단지 몇몇 예외적인 사람들만 하는 일이 아니다. 대다수가 자유롭게 육식을 즐기는데도 이브라힘과 그의 고객에게만 육식을 금지한다면(종교적 이유로 마취하고 죽인 동물은 먹을 수 없으므로), 그것은 종교의 자유와 동물 보호의 싸움에서 일방적으로 동물 보호 편만 드는 것이다. 한쪽 달걀이 다른 달걀 때문에 깨질 것이다. 동물 보호는 헌법에서 종교 위에 있지 않고 나란히 있다. 그러므로 이브라힘의 도축에 예외를 적용해야 한다. 동물 보호가 종교의 자유를 위해 자리를 조금 양보해야 한다.

반대로 종교의 자유 역시 동물 보호를 위해 조금 양보해야 한다. 어느 누구도 언제 어디서나 맘대로 동물을 죽여선 안 된다. 이브라힘은 먼저 예외 상황임을 허가받아야 한다. 이브라힘은 종교 집단에 소속되어 있고 이 종교 집단의 신도들은 마취 없는 도축을 의무로 여긴다. 이들의 종교 의식이 마취 없는 도축을 원칙으로 한다면, 해당 관청은 엄격한 조건 아래에서 도축 허가를 내 줄 수 있다.

국가는 그의 도축을 감시할 수 있다. 허가 받지 않은 사람이 무딘 칼로 집에서 맘대로 동물을 죽여선 안 되기 때문이다. 국가는 이브라힘이 적절한 자격을 갖추었는지, 어설픈 칼질로 동물에게 필요 이상의 고통을 주진 않는지 검사할 수 있다. 국가는 이브라힘의 도축장과 칼을 통제할 수 있다.

이런 전제 조건이 있다면 동물 보호는 종교의 자유를 위해 필요 이상으로 양보하지 않아도 된다. 다시 말해, 이브라힘은 엄격한 조건 아래에서만 칼을 쓸 수 있다. 이것이 최고의 타협이다. 각각의 달걀이 유리컵 안에서 다른 달걀을 위해 딱 필요한 만큼만 자리를 내어 준다. 어느 쪽도 뭉개지지 않는다. 2006년 연방행정법원은 이렇게 판결했다.

이제 처음 언급했던 쾰른 대학병원으로 돌아가 보자. 시리아 출신의 의사는 나디아 아들의 음경에 칼을 대어도 되었을까?

여기서도 똑같은 수준의 두 기본권, 제4조 종교의 자유와 제2조 2항 신체의 완전성이 충돌한다. 삶은 달걀 두 개가 동시에 비좁은 유리컵 안에 들어가야 하는 상황이다. 최고의 타협을 찾아야 한다.

하나가 뭉개질 수밖에 없는 모 아니면 도 방식의 해결책만 있는 게 아니라 무엇보다 타협이 가능하다는 것이 전제되어야 한다. 종교의 이름으로 사람을 죽여선 안 된다는 것은 명확하다. 인간은 누군가의 생명을 약간이라도 빼앗을 수 없다. 그것이 허용된다면, 종교의 자유가 일방적으로 우선되는 것이리라. 베른트가 의식이 있는 아내가 아니라 혼자 병원에 갈 수 없는 어린 아이를 죽게 내버려 두었더라면, 그 행위는 종교의 자유로 정당화되지 않을 터이다.

상해에는 등급이 있다. 중상이 있고 경상이 있다. 상처를 내 피를 흘리게 했느냐 혹은 다리 하나를 잘랐느냐는 차이가 있다. 그리고 주삿바늘이나 칼을 어떻게 사용했느냐도 중요하다. 마취 없는 도축처럼 모든 것을 고통스럽게 할 수도 있고 덜 아프게 할 수도 있다.

시리아 출신의 의사는 조심스럽게 메스를 다루었다. 쾰른 대학병원의 전문가들이 그것을 확인해 주었다. 그는 의학 규칙에 맞게 수술했다. 제대로 마취하고 적합한 메스를 사용했다. 출혈은 어쩔 수 없는 합병증이었다.

그러나 어떤 상해는 너무 무거워서 신중한 조건조차도 도움이 되지 않는다. 종교의 이름으로 누군가의 다리를 절단했다면, 이때 마취를 했느냐 칼이 잘 갈렸느냐는 중요하지 않다. 신체적 완전성에서 볼 때 다리가 없는 것은 타협의 여지가 없다.

그래서 쾰른 법원은 아이의 포경수술이 피만 흘리게 한 수준인지 다리를 절단한 수준인지 따졌다. 할례는 행위의 신중성을 고려할 만한 일에 속할까, 아니면 그 자체로 너무 잔인해서 신체적 완전성 면에서 타협의 여지가 없는 걸까? 여성 할례의 경우 대부분의 사람들이 같은 의견이다. 그것은 여성에게 너무 큰 해를 가하기 때문에 상황에 상관없이 종교적 신념으로 그것을 정당화할 수 없다. 독일에서 '여성 할례'는 범죄에 속한다. 많은 사람들이 남성 할례와 여성 할례를 다르게 본다. 물론 어떤 사람들은 공통점을 강조하기도 하지만.

쾰른 법원은 남성 할례 역시 신체를 돌이킬 수 없게 바꾼다고 판결했다. 아무리 신중하게 행한 행위라도 마찬가지다. 설령 마취 후 포피를 제거했더라도 제거된 것은 기정사실이니 말이다. 법원은 타협의 여지를 보지 못했다. 그럼에도 법원은 의사를 처벌하지 않았다. 그것이 신체 상해죄에 해당한다는 사실을 그가 몰랐기 때문이다. 그는 수천 년 지속된 관습을 행했을 뿐이다. 법원은 이런 오류가 다시 발생하지 않도록 막고자 했다.

이 판결은 전 세계적으로 '할례 논쟁'을 일으켰다. 어떤 사람들은 박수를 보냈다. "드디어!" 어떤 사람들은 비난했다. "하필이면 독일에서 무슬림과 유대인에게 그들의 종교 의식을 금지하는 우리는 누구인가?"

의회에서 압도적인 과반수가 법적으로 남성 할례를 허용하고자 했다. 2012년 말에 예외 조항으로 남성 할례가 허용되었다. 부모는 이제 의학적으로 필요치 않더라도 아들에게 포경수술을 시킬 수 있다. 단, 포경수술은 의학 규칙에 따라 진행되어야 한다. 통증 없이 진행해야 하고, 나디아의 아들처럼 합병증이 있을 수 있음을 미리 설명해야 한다. 생후 6개월이 안 된 아이라면 의사가 아니라 종교 단체의 일원이 수술해도 괜찮다. 단, 할례를 행할 자격이 충분할 만큼 훈련이 잘 된 사람이어야 한다.

이 규칙은 마취 없는 도축과 다르다. 이것은 종교의 자유에 국한되지 않는다. 종교적 자유에서만 포경수술을 허락하는 게 아니다. 부모는 양육을 위해 꼭 필요하다고 여기면 아이에게 포경수술을 시킬 수 있다. 다만 포경수술이 '아이의 안녕을 위협하면' 예외적으로 그것은 금지된다. 예를 들어 아이가 온몸으로 할례를 거부할 경우가 그런 예외적 상황에 속할 것이다.

다른 한편, 국가는 마취 없는 도축과 달리 할례를 철저히 감시할 수 없다. 정육점 주인인 이브라힘은 칼과 도축장을 검사받아야 한다. 그러나 할례를 담당하는 종교 단체 일원은 허가서가 필요치 않고 국가의 통제도 받지 않는다. 그들은 할례 교육 증명서를 관청에 제출하지 않아도 된다.

나디아의 아들에게 일어난 일은 논란이 많았다. 새로운 법률이 너무 앞섰다. 종교의 자유냐 신체적 완전성이냐, 이것이 갈등을 적절하고 신중하게 해결했을까? 어떻게든 타협이 가능하다고 믿더라도, 2012년의 법은 적어도 최고의 타협을 찾지 못했다. 달걀 두 개가 유리컵 안에 최상의 조건으로 들어가지 못했다.

신념과 표현 사이에 어떤 차이가 있을까? 표현의 자유는 얼마나 중요할까? 다음 장에서 그것에 관한 소동을 보게 될 것이다.

Chapter 2.

어떤 의견이든 자유롭게
표현해도 되는가?

군인은 살인자다!

군인 하나가 총을 맞고 쓰러져 죽는다. 1990년과 1991년 중동에서 이런 장면이 계속해서 반복되었다. 제2걸프전쟁에서 30개국 이상이 쿠웨이트를 정복한 이라크를 공격했다.

군인 하나가 총을 맞고 쓰러져 죽는다. 독일 크레펠트에서도 매일 이런 장면을 본다. 자동차에 붙은 스티커에서. 쓰러진 군인 옆에 이렇게 적혀 있다. "왜?"

크리스티안은 참전을 거부했다. 그는 전쟁이 옳지 못하다고 믿었다. 한 국가를 구하기 위한 전쟁이라도 마찬가지였다. 이제 31세가 된 그는 사회복지교육학을 공부했다.

그의 자동차에는 군인 스티커만 붙은 게 아니다. 다른 자리에 "군인은 살인자다"라는 글귀도 붙어 있다. 'Soldaten군인'의 알파벳 't'를 공동묘지의 십자가처럼 디자인했다. 글귀 아래에는 독일의 유명한 기자이자 작가인 쿠르트 투홀스키Kurt Tucholsky의 모조 사인이 있다. 이 글귀는 쿠르트 투홀스키와 얽힌 사연이 있기 때문이다. 1931년에 투홀스키는 잡지 〈벨트뷔네Die Weltbühne〉에 낸 기사에 이 문장을 썼다. 당시 이 문장은 모욕죄로 재판을 받았다. 〈벨트뷔네〉의 책임 편집자 카를 폰 오시에츠키Carl von Ossietzky가 기소되었다.

"군인은 살인자다." 크리스티안도 자동차로 크레펠트를 달리며 이 문장을 세계에 외치고 싶었다. 투홀스키의 판결 후 60년이 지난 1991년 7월에 크리스티안도 고소장을 받았다. 그는 대중 선동죄로 벌금 8400마르크를 내야 했다. 항소심, 항고심 모두 패소했다. 법원은 추가로 모욕죄까지 선고했다.

크리스티안은 헌법 소원을 냈다. 법원의 판결이 표현의 자유를 해쳤다고 믿었기 때문이다. "모든 사람은 각자 말이나 글, 그림으로 자유로이 자신의 의견을 표명하고 전할 권리를 가진다." 헌법 제5조 1항에 명시되어 있다.

크리스티안이 오기 훨씬 전에 이미 헌법재판소는 표현의 자유를 '가장 우선시 되는 인권 중 하나로' 판결한 바 있다. 이 판결은 1789년 프랑스의 '인간과 시민의 권리 선언'을 근거로 한다. 표현의 자유는 인간과 시민의 권리를 위해 없어서는 안 되는 것이기 때문이다. 나는 누구이고, 내가 나를 어떻게 보고, 타인이 나를 어떻게 보느냐가 나의 세계관, 즉 내가 세계에 대해 어떻게 생각하고 말하는지를 결정한다. 표현의 자유는 다른 기본권과 비교될 수 없을 만큼 독보적으로 민주법치국가를 상징한다. 자신의 의견을 두려움 없이 말할 수 있는 나라만이 자유로운 나라이다.

그렇다면 의견이란 무엇인가?

의견에는 사물이나 사람에 대한 개인적인 가치판단, 주관적 견해가 반영된다. 의견의 대표적인 특징이 바로 다양성이다. 같은 일에 대해 다양한 의견이 있을 수 있다. 둘 혹은 그 이상의 사람들이 한 가지 문제에 대해 토론할 수 있지만 결국 누가 옳은지는 아무도 모른다. 의견에는 옳고 그름이 없기 때문이다. 의견은 사실 여부를 확인할 수 없다.

이것이 의견과 사실 주장의 다른 점이다. "이웃이 자기 개를 때린다"라고 내가 말한다면, 이것은 사실이거나 거짓일 수 있다. 당연히 사실 여부를 확인할 수 있다. 내가 이 말을 아무리 '의견'인 것처럼 포장해도 마찬가지다. "내 생각에, 이웃이 자기 개를 때리는 것 같다." 이렇게 말하더라도 이 문장은 의견이 아니다. 이 말 역시 사실 여부 확인이 가능하기 때문이다. 반면 "내 이웃은 나쁜 사람이다"라고 말하면, 이것은 의견이다. 사실 여부를 확인할 수 없으니.

'잊힐 권리'를 다룰 때, 우리는 어떤 경우에 타인의 정보를 유포해도 되는지 알아보았다. '잘못된' 사실을 유포하는 것은 사회에 결코 유용하지 않다는 것 역시 확인했다. 거짓말은 공동체 생활에도 정치적 논쟁에도 전혀 필요치 않다. 진실 혹은 거짓이 명확한 것은 '표현의 자유'를 누릴 수 없다. 그러므로 명확한 거짓을 유포하는 사람은 표현의 자유를 근거로 삼을 수 없다. 그래서 헌법재판소는 "유대인은 나치시대에 고통받지 않았다" 같은 선언은 허용된 의견 표명이 아니라고 판결했다.

이제 크리스티안의 글귀를 살펴보자. "군인은 살인자다." 이것은 사실의 주장인가 아니면 개인의 의견 표명인가?

살인은 형법에서 나온 법적 개념이다. 형법에 따르면, "살인자는 살해욕, 성욕의 만족, 탐욕 또는 기타 비열한 동기에 의하여 간악하거나 잔인하게 또는 공공 위해의 수단에 의하여 다른 범죄를 가능하게 하거나 또는 은폐할 목적으로 사람을 살해한 자를 말한다." 살인은 최고형으로 처벌되고 살인자는 중대한 범법자이다.

"군인은 살인자다"를 사실 주장으로 이해하면, 이것은 허용되지 않는 발언이다. 거의 모든 군인은 형법상의 살인을 저지르지 않기 때문이다. 누구도 표현의 자유를 근거로 거짓말을 유포해선 안 된다.

그러나 검사들만 '살인자'라는 낱말을 사용하는 게 아니다. 누군가 파리를 죽이면 동물 보호자는 "살인자!"라고 소리칠 수 있다. 그는 이렇게 외침으로써 파리를 죽이는 행위가 옳지 않다고 여긴다는 자신의 의견을 표명하는 것이다.

이런 맥락에서 스티커 글귀를 이해하면 여기에는 두 가지가 내포되어 있다. 첫째, "군인은 사람을 죽인다." 둘째, "나는 이런 살인이 옳지 않다고 여긴다." 첫 번째는 사실 주장이고 두 번째는 의견 표명이다. 두 개가 한 문장에 담길 수 있다! 사실 주장의 내용은 진실에 해당한다. 군인이 사람을 죽이는 것은 논란의 여지가 없다. 반면 이런 군사적 행동이 옳은가에 대한 물음에는 '참' 혹은 '거짓'으로 대답할 수 없다. 그러므로 일상에서 사용하는 '살인'은 일반적인 동사 '죽이다'에 대한 가치 평가가 들어간 낱말이다. '살인자'를 형법상의 개념이 아니라 일상 언어로 이해하면 크리스티안의 스티커는 의견 표명이다. '군인이 사람을 죽이는 것을 나는 혐오한다'라는.

'살인자'라는 낱말을 해석할 가능성이 적어도 두 가지 있다. 법원은 둘 중 어느 것을 사용해야 할까? 판사는 때때로 수수께끼를 풀 수밖에 없다. 그러나 표현의 자유는 개방적인 분위기를 장려한다. 의견을 표명하기 전에 먼저 변호사에게 가서 표현을 검사받지 않아도 된다. 그러므로 어떤 표현을 황금 절대 저울에 올려선 안 된다. 표현을 글자 그대로 받아들여선 안 된다. 표현된 상황을 고려해야 한다. 또한 사실 주장과 의견 표명을 극단적으로 구별해서도 안 된다. 두 가지는 표현의 의미를 해치지 않으면서 동시에 명확히 구분되는 게 아니기 때문이다. 의견은 종종 사실을 바탕으로 한다. 우리의 사례가 보여 주듯이 둘은 쉽게 혼합된다. 오로지 확실한 정보만 유포할 수 있다면, 이것이 자유로운 소통을 방해할 것이다. 그러므로 어떤 의견이 허공에서 떨어진 것이 아니라 근거가 존재하는 한, 의견에는 추측이 들어 있을 수 있다. 한 가지 표현이 여러 종류로 해석될 수 있으면, 법원은 이것을 표현의 자유가 보장되는 의견으로 이해해야 한다.

크리스티안은 검사가 아니다. 그렇기 때문에 우리는 그의 표현을 일상 언어로 이해해야 한다. 그러므로 그의 자동차에 붙은 "군인은 살인자다"라는 글귀는 의견 표명이다.

그렇다면 표현의 자유는 어디까지 허용될까? 1994년 8월, 모두가 헌법재판소의 판결에 주목했다. "군인은 살인자다" 같은 표현도 허용될까?

많은 이들이 정확히 10년 전에 있었던 일을 상기했다. 1984년 8월, 프랑크푸르트의 한 학교에서 토론회가 열렸다. 독일군은 얼마나 많은 무기가 필요한가? 이것이 토론 주제였다. 핵전쟁이 언급되었다. 한 의사가 청중들 앞에서 젊은 장교의 얼굴에 '의견'을 퍼부었다. "모든 군인은 잠재된 살인자입니다. W씨 당신도요. 독일군은 살인 집중 훈련을 받습니다." 이 의사는 모욕죄와 국민 선동죄로 법정에 섰다.

그 재판 결과가 '프랑크푸르트 군인 판결'이다. 세 법원이 8년 동안 의사의 발언에 몰두했다. 장성, 평화 연구자, 의학자

등 전문가들이 법정에 나왔다. 그들은 독일군이 어디에서 어떤 무기로 어떤 상황에서 전투를 하고 적군을 죽이는지 분석했다. 독일군이 주로 어떤 '집중 훈련'을 받는지 조사했다. 군인이 살인자일 수 있을까? 의사는 항소심에서도 무죄를 선고받았다.

전국이 들썩였다. "행실이 바른 독일인 올림"이라고 적힌 협박 편지가 판사들에게 왔다. 익명의 다수가 판사들에게 전화를 걸어 당장 가족을 데리고 독일을 떠나라고 위협했다. 연방대통령, 총리, 장관 같은 고위 정치가들도 판결을 비판했다. 수백 통의 독자 편지가 신문사로 배달되었고 모든 언론이 비판을 보도했다. 독일군의 참모총장은 무죄선고가 취소되지 않으면 사퇴하겠다고 선언했다. 그는 자신의 직업이 '살인자'로 공식 인정되는 것을 받아들일 수 없었다. 의회는 '비상대책회의'를 열어 독일군의 명예를 보호할 방책을 궁리했다.

결국 대법원은 유죄선고도 무죄선고도 없이 이 사건에서 손을 뗐다. 죄가 이러저러하게 사소했던 것 같다며 소송을 취하한 것이다.

사람들은 이제 헌법재판소로부터 표현의 자유의 한계가 어디에 있는지 해명을 듣고자 했다.

앞 장에서 다룬 종교의 자유와 달리, 표현의 자유는 '일반법률 조항'으로 제한될 수 있다. 헌법 제5조 2항에 그렇게 명시되어 있다. "이 권리들은, 일반 법률의 조항과 청소년 보호를 위한 법률 규정 및 개인의 명예권에 의해 그 한계가 지워진다." 의견이 인간에게 갖는 힘은 종교적 신념이 갖는 힘과 똑같지 않다. 그러므로 표현의 자유는 종교의 자유보다 더 약하게 보호된다.

'일반' 법률은 특정 의견을 금지하지 않는다. "누구도 독일군에 대해 부정적으로 말해선 안 된다" 같은 조항이 있다면 이것은 헌법 제5조에 위배될 터이다. 모욕죄 조항은 특정 의견을 금지하는 게 아니라 '일반적으로' 명예를 보호한다. 그것은 '일반 법률의 조항'이다.

한 인간의 명예는 언제 훼손될까? 표현의 자유를 보호한다는 것은, 모든 사람들이 서로에 대해 좋은 의견만 가져야 하는 건 아님을 인정한다는 뜻이다. 우리는 서로에 대해 나쁜 의견을 가져도 되고 그 의견을 유포해도 된다. 우리는 공공연히 그리고 공식적으로 서로를 싫어해도 된다. 파란 눈을 가진 사람이 갈색 눈을 가진 사람을, 무슬림이 가톨릭 신자를, 여자가 남자를, 사회복지 교육자가 군인을. 서로를 싫어하는 것은 일종의 정신적 토론에 해당한다.

사람들이 서로의 명예를 훼손하는 것이 아니라 서로에 대해 토론하는 것이 바로 표현의 자유를 보호하는 목적이다. 그러므로 우리는 의견 표명이 토론에 공헌하는지 아니면 타인의 명예를 공격하는지 검사할 수 있다. 여기에 표현의 자유와 모욕의 경계가 있다. 이런 경계선을 긋는 데는 세 가지 기준이 있다.

첫 번째 기준은 표현 방식이다. 모욕은 표현 방식에서 드러날 수 있다. 전형적인 욕을 사용하면 '형식 모욕'에 해당한다. "내 이웃은 더러운 개새끼이다"라고 내가 말했다면, 법원은 내가 무슨 의도로 이렇게 말했는지에 대해 숙고할 필요가 없다. 어휘 선택에서 벌써 내가 이웃을 비판할 뿐 아니라 인격을 모독하고자 한다는 것이 명확하게 드러나기 때문이다. 내가 이웃을 더러운 개새끼라고 '여기더라도' 이웃의 명예는 나의 표현의 자유보다 앞선다. 나는 내 의견을 더 정중하게 표현해야 한다.

'형식 모욕' 외에 '비방'이 있다. 전형적인 욕을 사용하지 않더라도 내가 정신적 토론이 아니라 누군가를 비방하려 한다는 것이 어휘 선택에서 명확히 드러날 수 있다. 다시 말해 어떤 작가에 대해 비판하는 것은 괜찮지만 그가 '바보 멍청이'일 거라고 써서는 안 된다. 여성 아나운서의 외모에 대해 부정적으로 표현하는 것은 괜찮지만 그녀를 '못생긴 계집'이라고 불러선 안 된다. 변호사의 자질을 의심하는 것은 괜찮지만 그를 '사이비 변호사'라고 불러선 안 된다.

그렇다면 나는 항상 나의 의견을 정중하고 객관적으로 표현해야만 할까? 여기에 두 번째 기준인 장소가 적용된다. 어디에서 표현하는가? 공개 토론에서 밝힌 의견은 쉽게 소멸된다. 그러므로 뭔가 효력을 내고 싶다면 자동차에 이렇게 써서는 안 된다. "경우에 따라 특정 이유에서 특정 군사적 행동에 반대하는 의견을 내가 말해도 될지 조심스럽고 정중하게 묻고 싶다"는 뜻이 아니라면 말이다. 저마다 사람들의 이목을 끌기 위해 애쓴다. 그러므로 나 역시 '전투 개념'을 사용해도 된다. 극단적으로 과장하고 강렬하게 표현해도 된다. 토론이 공개적일수록 나는 더욱 인상적인 표현을 사용하는 것이 가능하다.

세 번째 기준은 대상이다. 누구에 대해 말하는가? 나의 의견이 구체적인 인물과 무관할수록 어휘 선택은 더욱 격해도 된다. 예를 들어 사회현상을 비판할 때는 구체적인 인물의 인격과 명예를 덜 공격하게 되기 때문이다.

그렇다고 어떤 집단에 대해 무슨 말이든 해도 된다는 뜻은 아니다. 국가의 안녕을 위협할 정도로 한 집단을 비판하는 사람은 대중 선동죄로 처벌을 받는다. 증오나 폭력을 부추길 때 혹은 특정 집단 구성원을 비판하고, 더 나아가 이들을 함부로 취급해도 되는 열등한 인간처럼 대할 때 대중 선동죄가 성립할 수 있다.

집단 구성원을 완화된 방식, 즉 '무해한 보통 방식으로' 모욕할 수 있다. 어떤 집단의 일원이 개인적으로 모욕감을 느낄 수도 있다. 그러나 이것이 성립하려면 먼저 이 집단이 특정될 수 있어야 한다. 가령 어떤 사람이 인터넷에 "모든 남자는 멍청하다"라고 썼다면, 모욕의 대상은 지구의 절반에 해당한다. 이 집단은 너무 크기 때문에 어떤 남자도 이 말을 자기 개인에게 향한 모욕으로 받아들이지 않는다. 그러나 '독일 의사' 혹은 '독일 판사'에 대해 말하면 얘기는 달라진다. 이 집단에 속하는 사람은 그렇게 많지 않고 제복 때문에라도 이 집단의 일원들이 쉽게 구별될 수 있다. 그들은 집단 모욕을 받을 수 있다. 독일의 현역군인들도 마찬가지다.

모욕의 강도가 센 순서로 나열하면 이렇다. "○○○은 살인자다." "독일군의 현역군인들은 살인자다." "세계의 모든 군인은 살인자다." 앞의 두 문장에서는 개별 군인들이 개인적으로 공격을 받았다고 느낄 수 있다. 그러나 세계의 모든 군인을 대상으로 하는 세 번째 문장에서는 구체적인 인물이 아니라 전쟁에서 이루어지는 살해 현상을 비판한다.

세 가지 기준을 크리스티안의 문장에 적용해 보자. 첫 번째 기준인 표현 방식을 보면, '살인자'는 '더러운 개새끼'와 달리 전형적인 욕이 아니라 형법상의 전문용어다. 그러므로 스티커에는 '형식 모욕'이 없다. 그러나 '살인자'라는 낱말은 일상 언어로도 매우 경멸적이다. 그것은 어떤 사람을 중대한 범죄자로 본다는 뜻이다. 그러므로 이 낱말은 비방일 수 있고, 적어도 명예에 대한 중대한 공격이다. 이것은 표현의 자유에 반한다.

두 번째 기준인 장소와 상황을 보면, 크리스티안은 자동차에 스티커를 붙임으로써 공개 토론에 참여했다. 그러므로 그의 어휘 선택은 군인들과 얼굴을 맞대고 얘기할 때보다 더 강해도 된다. 이 점에서 그의 스티커는 표현의 자유에 부합한다. 1대 1 무승부다.

그러므로 세 번째 기준인 관련된 대상에서 승부가 가려진다. 크리스티안은 개별 인물을 언급하지 않았다. 그가 현역군인들을 지칭했더라면, 대상 범위가 아주 한정되어 독일의 모든 현역군인들이 이 발언을 자신에 대한 공격으로 이해했을 터이다. 그러나 이 발언은 그저 스티커에 적혔을 뿐이고 현역군인을 지칭하지도 않았다. 크리스티안은 걸프전쟁 때 자신의 자동차에 이 스티커를 붙였다. 걸프전쟁에는 독일군이 참전하지 않았다. 그의 발언이 독일군에게 향하지 않기 때문에, 그러니까 국민의 한 집단을 공격하지 않기 때문에, 대중 선동죄가 성립되지 않는다.

무엇보다 크리스티안의 시각은 개별 독일군인의 명예훼손이 아니라 '전쟁에서의 살해'에 맞춰져 있다. 그래서 헌법재판소는 표현의 자유로 판결했다. 크리스티안은 무죄다. 이것은 솔로몬의 판결이었다. 헌법재판소는 표현의 자유를 보호하는 동시에 독일군의 명예도 지켰다. 이 발언이 독일군 개인에게 향한 것이 아님을 명확히 밝혔기 때문이다. 이 판결은 1932년 투홀스키의 발언에 대한 제국 법원의 판결과 일치한다. 이 발언은 모욕이 아니다.

그럼에도 이 말은 '프랑크푸르트 군인 판결' 이후처럼 사람들을 자극했다. 판사들에 대한 살해 협박이 있었고 판사들은 경찰에 신변 보호를 신청해야 했다. "독일연방 역사상 헌법재판소의 가장 형편없는 판결 오류!"라며 정치가들이 분노했다. 분노가 너무 컸기 때문에 헌법재판소는 유례없이 판결에 대한 해명을 발표해야만 했다.

왜 이런 일이 생긴 걸까? 왜 이런 소동이 일었을까? 사람들이 무엇을 잘못 이해할 수 있었기에 헌법재판소가 굳이 판결에 대해 해명해야 했을까? 많은 사람들이 헌법재판소의 판결을, '군인은 살인자다'라는 발언을 글자 그대로 인정하는 것으로 해석했기 때문이다. 게다가 헌법재판소는 독일 최고 법기관이 아니던가! '프랑크푸르트 군인 판결' 때도 마찬가지였다. 당시 법원은 스스로 오해를 불러일으켰다. 법원은 '군인은 살인자다'라는 선언이 '참'인지 '거짓'인지를 객관적으로 해명하고자 했다. 우리가 앞에서 확인했듯이, 의견 표명일 경우 이것이 불가능하다. 오해가 깊이 뿌리를 내렸다. 우리는 일반적으로 자신의 고유한 의견을 기꺼이 '참'으로 간주한다. 그리고 다른 사람의 의견을 '거짓'으로 본다. 그렇기 때문에 우리는 다른 사람들이 우리 의견에 동의하도록 '설득'하기 위해 아주 많은 시간을 허비한다.

그러나 의견에는 옳고 그름이 없고, 모든 의견은 헌법 앞에 동등하다. 그래야 국가가 의견 감시자로 나서는 것을 막을 수 있다. 내가 의견을 표명하기 위해 30년을 조사하고 좋은 주장과 근거를 수집했느냐 혹은 친목 모임에서 술에 취해 혼잣말로 했느냐는 중요하지 않다. 모두가 의견을 가질 수 있다. 의견에 대한 근거를 대지 않아도 되고 숙고 끝에 가져야 하는 것도 아니다. 비합리적인 의견이라도 괜찮다. 감정적 폭발도 표현의 자유를 보장받는다. 다른 사람이 내 의견을 유용하게 혹은 해롭게, 가치 있게 혹은 쓸모없게 여기느냐는 상관없다.

그러므로 헌법재판소는 군인이 일상적 의미의 '살인자'인지 아닌지에 대해 판결하지 않았다. 그것은 그들의 과제가 아니다. 헌법재판소는 오로지 누군가가 군인을 살인자라고 해도 되는지만 판결할 수 있다. 헌법재판소는 판결에 대한 '안내서'에서 이것을 설명했다. 전쟁에서의 살해를 '옳은 일'로 여길지 말지는 각자가 판단해야 한다.

당시의 흥분이 종종 재현된다. 오늘날에도 사람들은 자신이 동의할 수 없는 발언을 접하면 속으로 묻는다. "이 인터넷 사이트 혹은 편집자들은 어떻게 이런 내용을 그대로 실을 수가 있지?" 혹은 "관계 당국은 어떻게 이런 발언과 시위를 허가할 수 있지?" 그러나 인터넷 사이트, 편집자 혹은 관계 당국이 누군가의 발언을 보도하고 허가하는 것은 그들이 이 발언에 동의한다는 뜻이 아니다. 그저 그들은 표현의 자유를 존중할 뿐이다. 우리가 앞에서 조사했던 한계를 지키는 한, 누구든지 마음껏 자신의 의견을 표현해도 된다.

그러므로 표현의 자유는 쉽게 의견을 가지게 한다. 모든 잡담이 헌법 제5조의 보호를 맘껏 누릴 수 있는 의견 표명일 수 있다. 그러나 표현의 자유에도 결점이 있다. 의견을 갖고 표명하기가 쉬울수록 개별 의견의 가치는 때때로 생각보다 낮아진다. 모두가 즉흥적으로 반대 의견을 표명할 수 있고 이것 역시 똑같이 헌법의 보호를 받기 때문이다. 우리가 종종 듣는 것과 달리, 표현의 자유가 있는 국가에서 의견을 표명하는 것은 중대하거나 '용감한' 행위가 아니다. 그럼에도 의견 표명은 중요하다.

사람들은 예술을 통해 더 교묘하게 의견을 표명한다. 예술은 무엇이고 예술의 자유는 어디까지 허락되는지를 우리는 다음 장에서 '오즈'라 불리는 한 남자를 통해 조사할 것이다.

Chapter 3.

예술은 무엇이고 예술의 자유는 어디까지 허용되는가?

그라피티와 반 고흐

"그는 계속해서 스프레이를 분사할 것입니다."

그의 변호사가 첫째 날 함부르크-밤베크 법정에서 이렇게 선언했다. 방청객들이 박수를 보냈고 판사는 좌중을 조용히 시키려 애썼다. 그는 변호사 옆 피고인석에 앉아 있다. 찢어진 청바지를 입은 채. 그는 때때로 자신의 얼굴을 선글라스 뒤에 감추었고, 때로는 "ICH OZ나는 오즈"라고 적은 종이 픗말 뒤에 숨겼다.

오즈는 그의 예명이다. 함부르크 시민은 그의 '태그'를 약 12만 번 보았다. '태그'란 그라피티 작가의 낙관과 같은 것이다. 그는 함부르크의 그라피티 작가다. 그는 대부분 웃는 표정의 이모티콘, 나선, 고리를 그리거나 그냥 자신의 상징인 'OZ'

만 남겼다. 검은색 혹은 갖가지 색으로, 도로 표지판에, 선로에, 담벼락에, 건물 벽에, 전기 배선함에, 다리 밑에.

오즈는 함부르크의 스타이다. 함부르크 시민 모두가 그의 그라피티를 알기 때문이기도 하지만, 그가 이미 8년 이상 징역을 살았고 2011년 61세가 되어서도 여전히 그라피티를 그리기 때문이다. '그라피티 수사대'가 밤낮으로 그를 추격한다. 동시에 예술 운동가들이 전단지를 뿌린다. "Free OZ!"

검사는 지난 2년 동안 20건에 달하는 기물 파손으로 오즈를 기소했다. 그는 다시 1년 6개월 자유형을 선고받았고 집행유예는 없었다. 동일 전과가 너무 많기 때문이었다. 그의 변호사는 예술의 자유를 근거로 댔다. 헌법 제5조 3항, "예술과 학문, 연구와 교수는 자유롭다."

오즈를 예술가로 존경하는 팬들이 있다. 오즈는 예전에 회색 벙커를 직접 청소하고 덤불을 제거하고 바닥의 오물을 치운 뒤 갖가지 색으로 예쁘게 칠했다. 어떤 주민들은 그에게 소시지를 가져다주었다. 어떤 주민들은 경찰에 전화해서 마침내 벙커가 흉물스러움을 벗었다며 그라피티 작가를 칭찬하기도 했다.

그러나 다르게 보는 사람들도 많았다. 그들은 오즈의 행위를 '담벼락 낙서' 혹은 '흉하게 망치기' 혹은 '기물 파손'이라 불렀다. 그들은 그라피티가 예술과 무관하다고 여겼다.

예술을 예술로 만드는 것은 무엇일까? 예술이라는 데 논란이 거의 없는 반 고흐의 그림으로 시작해 보자. 반 고흐의 그림을 좋아하지 않는 사람들도 그것이 예술 작품이라는 것에 동의한다. 모차르트의 음악, 셰익스피어의 극본과 연극도 마찬가지다.

전통적으로 예술로 인정되는 장르가 있다. 미술, 그래픽, 조각, 건축 같은 조형예술. 문학과 음악, 연극, 영화, 무용, 노래 같은 공연 예술. 이런 작품들은 '형식적 예술 개념'에 속한다. 작품의 형식이 예술임을 확인시켜 준다.

그러나 그라피티는 고전적 미술이 아니다. 전통적인 범주에 들어가지 않는다. 그럼에도 그라피티가 예술일 수 있을까?

이 물음에 답하기 위해 다른 사례를 살펴보자. 프랑스의 예술가 마르셀 뒤샹Marcel Duchamp은 1917년 뉴욕의 위생도기 상점에 가서 변기 하나를 샀다. 더 정확히 말하면 J. L. 머트 철공회사가 제조한 남성용 소변기를 구입했다. 그는 이 소변기에 "R. Mutt, 1917"이라 서명하고 작품 이름을 '샘'이라고 정해 미국 독립미술가협회의 예술 박람회 '빅쇼Big Show'에 제출했다. 협회는 누군가 산업용 기성품을 사서 출품했다고 생각했다. 예술 작품이 아니라 못된 장난이라고 여긴 협회는 이 소변기를 전시 목록에서 제외했다.

뒤샹이 선언했다. 내가 일상 용품을 선택하여 예술로 승화한다면, 그것은 예술이다! 그는 이 선언으로 예술 개념에 대한 토론을 불러일으켰고 세계적으로 유명해졌다. 그가 인가한 '샘'의 모작이 현재 전 세계의 박물관에 있다. 그가 자신의 작품을 일컫는 다른 '레디메이드Ready Made'들과 함께.

무슨 일이 생긴 걸까? 뒤샹은 예술계의 규칙에 저항했고 그것으로 새로운 예술을 이루었다. 그는 '예술은 창의적 행위의 결과'라는 당대의 지배적인 예술 개념을 바꾸어 놓았다. 이 예술가는 규칙을 따르지 않고 의심하고자 했다. 새로운 형식을 찾고자 했다. 말하자면 예술 개념은 모차르트와 셰익스피어의 전통적인 형식으로 제한될 수 없다.

이런 이유에서 대부분의 예술가들은 누군가 예술을 정의하려 시도하면 즉시 '이의 있습니다!'라고 외칠 것이다. '개념 정의'는 곧 '한계'를 뜻하고 예술가는 바로 그런 한계를 시험하고 깨고 제거하는 일을 한다. 예술은 한계를 깸으로써 모든 개념 정의를 없앤다. 예술이라는 존재 자체가 개념 정의를 거부한다.

이런 견해는 법정 밖에서 아무 문제가 안 된다. 다양한 사람들이 다양한 예술 개념을 가진다고 해도 아무런 방해가 되지 않는다. 예술가도, 갤러리도, 관람객도 그것에 개의치 않는다.

그러나 법정에서는 어떤 사람이 감옥에 가느냐 마느냐가 여기에 달렸다. 그러므로 법정에서는 정의를 명확히 내려야 한다. 어떤 법이 국가에게 개를 보호하라고 요구하면, 국가는 어떤 동물이 개인지 알아야 한다. 그래야 국가는 개를 만났을 때 개를 보호할 수 있다. 어떤 동물이 개냐 아니냐가 명확히 해명되지 않은 채 열려 있어선 안 된다.

예술도 마찬가지다. 국가가 예술을 보호해야 한다면 국가는 무엇이 예술인지 알아야 한다. 혹은 무엇이 예술이 아닌지도. 무엇이 예술의 자유를 누릴 수 없는지 명확히 해야 한다. 뒤샹처럼 누군가가 "내가 만드는 것은 예술이다"라고 말하는 것만으로는 결정할 수 없다. 그러면 모두가 예술의 자유를 근거로 교묘하게 빠져나갈 터이다.

그러므로 객관적인 잣대가 있어야 한다. 예술에 대한 개념 정의가 필요하다. 국가는 개념 정의가 가능한 것만을 보호할 수 있으니. 법원은 모든 개념 정의를 거부하는 개념의 정의를 찾아야만 한다. 그런 개념 정의는 어떤 모습일까? 한계가 없는 한계 두기?

마르셀 뒤샹의 '샘'을 다시 한번 보자. 확실히 그는 소변기를 사서 설치했다. 수많은 바와 식당들도 그것을 한다. 그러나 식당 화장실에 설치된 소변기는 그저 소변기에 불과하다. 아무도 그것을 보고 뭔가 더 숙고해야 한다고 여기지 않을 터이다. 그러나 뒤샹의 소변기는 전 세계 사람들로 하여금 숙고하게 했다. 뒤샹은 왜 이것을 전시했을까? 예술이란 무엇인가? 그는 왜 이것에 '샘'이라는 제목을 달았을까? 'R. Mutt'라는 서명은 무슨 뜻일까? 뒤샹이 미쳤나? 아니면 우리에게 뭔가 기발한 것을 말하려는 걸까? 식당의 소변기와 달리 뒤샹의 소변기는 무한히 많은 발언을 내포할 수 있다. 우리는 뒤샹의 소변기에서 소변기, 일상 용품, 산업화, 예술 개념, 예술계, 독립미술가협회, 뒤샹, 관람객 등 저마다 다른 것을 볼 수 있다. 그러나 식당의 소변기는 모두에게 그저 소변기일 뿐이다.

여기서 우리는 무엇이 예술인지 확정할 수 있다. 해석이 필요한가? 해석할 여지가 있는가? 그 자체 이상의 어떤 발언을 내포하는가 아니면 눈에 보이는 것이 전부인가? 예술은 자신의 인상, 경험, 체험을 시각적으로 드러내는 창조적 활동이다.

이런 개념 정의를 바탕으로 전통적인 범주 밖에 있는 예술과 비예술을 구별할 수 있다. 어떤 사람이 자기가 예술을 한다고 주장하고 다른 사람들이 그것에 대해 진지하게 토론하는 순간, 그의 작품은 이미 해석된 것이다. 그러면 그것은 최소한 법적인 의미에서 예술에 속한다.

이런 개념 정의의 장점은, 이러한 정의에 적대적인 예술가의 작품들까지도 포함할 수 있다는 것이다. 예술에는 발언이 들어 있다(많은 이들이 예술을 통해 그것을 한다)는 것에 반대하는 사람의 작품에도 발언이 들어 있다. 예술 작품에 반드시 발언이 들어 있을 필요는 없다는 발언. 이런 예술 개념은 '열린 예술 개념'으로 알려져 있다.

재능과 예술은 무관하다. 세 살짜리 아이가 벽에 해바라기를 삐뚤빼뚤 그렸더라도, 법적으로는 반 고흐가 아마천에 그린 해바라기와 똑같이 예술이다. 아이의 낙서와 고흐의 그림 사이에 질적 차이가 없다는 말이 아니다. 예술의 자유에서는 질적 차이가 고려되지 않는다. 그래야 판사가 예술 심판자가 되거나 자신의 취향에 따라 예술의 자유를 좌지우지하지 못한다. 손재주가 전혀 보이지 않고 미학적이지 않은 작품이라도 해석의 여지를 주는 한 예술의 자유를 보장받는다.

그러므로 그라피티가 예술이냐 기물 파손이냐는 그것이 아름다운지, 그리기 까다로운지, 혹은 재능이 엿보이는지에 달려 있지 않다. 그저 선 하나에 불과하냐 아니면 그 선에 해석의 여지가 있느냐에 달렸다. 함부로 저지른 파손일 경우 선은 그저 선일 뿐이다. 예술 작품은 그 기획 의도를 해석할 수 있고, 공동의 계획을 여러 작품으로 표현할 수 있다. 그것이 바로 창조적 활동과 파손의 차이점이다.

이런 개념 정의에 따르면 오즈의 그라피티는 예술일까? 사람들은 그가 '탁'으로 남기는 'OZ'가 무엇을 뜻하는지에 대해 지금까지 토론한다. 어떤 사람들은 그것이 원래는 'Oli'이고 'Ohne Liebe사랑 없이'를 줄인 말이라고 주장한다. 어쩌면 그것은 대도시의 차가운 공공장소와 관련이 있을 것이고 어쩌면 오즈가 가족 없이 고아원에서 자랐다는 것과 관련이 있을 것이다. 그가 자기 방식대로 도시를 그라피티로 채우는 것은, 오즈 스스로 말했던 것처럼 '독일의 청결 규범'에 맞서는 발언으로 해석할 수 있다. 혹은 전혀 다를 수도 있다. 이모티콘은 무엇을 뜻할까? 이것은 누구이고, 누구에게 무엇을 말하는가?

함부르크의 그라피티가 예술인 것은 법적으로 의심의 여지가 없다.

그렇다면 예술의 자유는 어디까지 허락될까? 예술의 자유를 근거로 오즈는 자신의 예술 활동을 위해 타인의 소유물을 맘대로 사용해도 될까?

헌법 제5조에는 예술이 '자유롭다'고 적혀 있다. 어떤 제한 조건도 없이. 우리는 이것을 종교의 자유에서 이미 확인했다. 예술의 자유 역시 '불가침'이다. 종교의 자유와 마찬가지로 예술의 자유는 '일반 법률의 조항'으로 제한될 수 없다.

그러나 역시 종교의 자유에서 이미 확인했듯이, 헌법은 다른 가치도 보호하고 헌법에 명시된 모든 조항은 어깨를 나란히 한다. 헌법은 예술뿐 아니라 사유재산도 보호한다. 어느쪽도 다른 것보다 우위에 있지 않다. 그래서 둘이 싸우게 되면 헌법의 논리적 한계, 즉 '헌법의 내재적 한계'에 부딪히게된다. 우리는 두 가지 모두가 가능한 한 충분히 보호될 수 있도록 이런 내재적 한계를 없애야 한다. 우리는 종교의 자유에서 이것을 삶은 달걀 두 개를 비좁은 유리컵에 넣는 것에 비유했다. 달걀 두 개가 어느 쪽도 뭉개지지 않고 유리컵에 무사히 들어갈 수 있도록 정확히 필요한 만큼만 서로 양보해야 한다. 예술이 헌법의 다른 가치와 충돌할 때도 이와 똑같다. 우리는 최고의 타협점을 찾아야 한다.

문학작품의 사례를 보자. 2003년에 막심 빌러Maxim Biller의 소설 《에스라Esra》가 출간되었다. 소설은 한 작가와 여배우, 아담과 에스라의 사랑 이야기를 다룬다. 소설에서 에스라와 그녀의 어머니 랄레는 아주 나쁘게 묘사된다. 에스라는 어머니에게 구속되어 벗어나지 못하고 어머니 랄레는 우울하고 정신이 이상한 알코올의존자로 난폭한 인물이다. 또한 소설은 아담과 에스라의 섹스를 세밀하게 묘사한다.

막심 빌러의 옛 애인과 그녀의 어머니가 이 소설을 대상으로 소송을 냈다. 그들은 소설 속 인물이 자기들이라고 주장했다. 그리고 그들에 대한 소설의 묘사가 진실과 많이 다르다고 지적했다. 실제로 그들은 등장인물의 모델임이 확실해 보일 만큼 유사점이 아주 많았다.

사유재산과 마찬가지로 명예를 보호하는 인격권 역시 헌법이 보장한다. 그러므로 우리는 여기서도 양측의 권리를 최대한 보장하는 최고의 타협안을 찾아야 한다. 작가에게 예술의 자유를 최대한 보장하는 동시에 어머니와 딸의 명예까지도 최대한 보호할 수 있는 해결책이 필요하다. 어떻게 하면 삶은 달걀 두 개를 비좁은 유리컵 안에 무사히 넣을 수 있을까?

예술은 예술가의 경험과 그의 주변 세계에서 양분을 얻는다. 예술가는 주변 세계에서 소재를 가져다 쓸 수 있다. 그것이 허용되지 않으면 예술은 불가능하다. 그러므로 작가의 주변 사람들은 기본적으로 어떤 소설의 모티브로 이용되는 것을 감내해야 한다.

그러나 예술은 세계를 있는 그대로 옮기지 않고 예술적으로 조작한다. 작가는 사실과 지어낸 이야기를 혼합한다. 그렇기 때문에 소설에 해석의 여지가 있는 것이다. 소설은 대중에게 소설 내용이 있는 그대로의 사실이라고 말하지 않는다. 그러므로 자신을 모티브로 한 소설 속의 인물 묘사가 맘에 들지 않더라도, 가령 과도한 통제 욕구를 가진 알코올의존자처럼 부정적으로 묘사되더라도 감내해야 한다. 예술의 자유는 명예 보호에게 이것을 양보하라고 요구한다.

그럼 예술의 자유는 명예 보호를 위해 무엇을 양보해야 할까? 막심 빌러가 소설이 아니라 자서전을 썼다면, 그는 거기에 옛 연인과의 섹스 장면을 묘사해선 안 된다. 어느 누구도 자신의 내밀한 생활이 세밀하게 폭로되는 것을 참을 필요가 없다. 소설은 모든 내용이 사실이라고 주장하지 않는다. 그러나 소설 속 인물과 실존 인물의 유사성이 명확할수록 내밀한 상세 묘사는 사실처럼 보인다. 소설이 자서전처럼 느껴지는 것이다.

그러나 옛 연인이 마트에 갈 때마다 주위 사람들이 "침대에서 정말로 그래요?"라고 묻는 것처럼 느껴선 안 된다. 내용이 내밀할수록, 인물이 나쁘게 묘사될수록, 작가는 세부 내용이 진실로 오해되지 않게 해야 한다. 작가는 그것이 지어낸 이야기임을 명확히 해야 하는 것이다. 이를테면 아주 과장하거나 낯설게 묘사함으로써. 명예 보호가 예술의 자유에게 이것을 양보하라고 요구한다.

어머니의 경우에는 예술의 자유가 앞선다. 어머니는 자신과 아주 유사한 소설 속 인물이 (오로지) 나쁜 사람으로만 묘사된 것을 감내해야 한다. 그녀는 소설을 금지할 수 없다고 헌법재판소가 판결했다. 반면 딸의 명예 보호는 예술의 자유를 제한한다. 그녀의 경우 매우 내밀한 내용이 소설에서 다뤄지기 때문이다. 딸은 출판사를 상대로 승소했고, 출판사는 그녀에 대한 내밀한 세부 내용이 묘사된 이 소설을 출판할 수 없게 되었다.

이것은 오즈에게 어떤 의미일까? 그라피티의 경우, 예술의 자유와 사유재산 보호 사이의 최고 타협안은 무엇일까?

오즈 역시 자신의 환경을 글자 그대로 '조작'했다. 그는 환경을 바꿨다. 그의 예술은 거리 예술이므로 공공장소에서만 기능한다. 그곳에서만 그의 작품이 본래의 발언을 할 수 있다. 오즈를 화실에 가둘 수는 없다. 그는 반 고흐가 아니다. 그에게 거리를 금지하는 것은 곧 예술을 금지하는 것과 같다. 그러므로 그가 예술을 위해 타인의 사유재산을 사용하도록 허락해야 한다. 사유재산 보호는 예술의 자유에게 이것을 양보해야 한다.

그럼 그 반대는? 예술가라도 타인의 사유재산을 맘대로 사용해선 안 된다. 그것이 허용된다면 그림을 위해 물감을 훔친 예술가조차 처벌할 수 없게 될 터이다. 내가 다른 사람의 물건을 빼앗으면 소유주의 자유를 해치는 것이다. 그것은 남의 물건을 망가트리거나 장기적으로 바꾸는 것과 다르지 않다. 그러므로 타인의 사유재산을 이용하는 예술은 장기적인 흔적을 남겨선 안 된다. 이것이 예술의 자유가 사유재산 보호에게 해야 하는 양보이다.

예를 들어 오즈는 백묵이나 쉽게 지울 수 있는 다른 색료를 사용할 수 있다. 그러면 사유재산 보호와 예술의 자유가 조금씩 양보해 유리컵 속의 두 달걀처럼 서로 공존할 수 있게 된다. 이것이 최고의 타협이다.

그러나 오즈는 이것을 원치 않았다. 그는 잘 지워지지 않는 스프레이를 썼다. 그래서 함부르크-밤베크 법원의 판사는 그에게 기물 파손으로 14개월 자유형을 선고했다. 오즈는 항소했고 고등법원은 자유형을 벌금형으로 바꿨다. 그는 벌금 1500유로를 내야 했다. 그러나 기물 파손 판결은 유지되었다.

2014년 9월 26일, 밤 10시 30분. 한 남자가 함부르크 중앙역 근처의 선로에 스프레이를 뿌리고 있었다. 어둠과 은밀함이 가득하다. 이 남자는 작품 활동에 너무 깊이 몰두한 바람에 기차가 들어오는 소리를 듣지 못했다. 그는 선로 위에서 죽고 말았다. 시체 옆에 배낭이 놓였고 멀지 않은 곳에 스프레이 통이 있었다. 선로 위에는 방금 스프레이로 쓴 두 글자가 남았다. 'OZ'.

어둠, 은밀함, 금지. 이것이 그의 죽음만 가져온 게 아니다. 이것은 그의 예술에 대한 전제 조건이기도 했다. 오즈의 행동이 금지되었기 때문에 그는 하고자 했던 말을 할 수 있었다. 법이 그의 예술을 허가했더라면 그의 예술은 오히려 사라졌을 터이다. 오즈는 예술이 끊임없이 한계를 없애고자 한다는 것을 누구 못지않게 강렬하게 보여 주었다. 동시에 예술의 자유에 한계가 있어야 하는 까닭도.

모두가 예술가로 일하는 행운을 가진 건 아니다. 다른 직종에 종사하는 사람은 어떻게 자신의 인격을 발현할 수 있을까? 다음 장에서 알아보자.

Chapter 4.

직장 생활을 위해
양심을 저버려야 하는가?

양심의 자유

라이저 박사는 사람을 도우려고 의사가 되었다. 그러나 한 내부 문서가 그의 세계를 완전히 바꿔 놓았다.

짧은 머리에 콧수염을 기른 34세 남성. 그의 눈빛은 신중하면서도 따뜻하다. 그는 병원이 아니라 실험실에서 사람들의 고통을 덜어 주고자 했다. 그래서 노이스에 자리한 거대 제약 회사 독일 지사에 입사했다. 그는 매달 약 1만 마르크를 받았다. 1987년에 상당히 높은 금액이었다.

월급을 많이 받는 만큼 책임도 컸다. 라이저 박사는 '단계 1'이라 불리는 약리학부서의 부서장으로서 부하 직원 16명과 일했다. 연구부 소속인 약리학부서는 회사에서 개발한 신약을 가지고 처음으로 임상 실험을 진행한다.

영국 본사 동료들이 'BRL 43694'라고 불리는 물질을 발견했다. 'BRL 43694'는 이른바 '5-HT 수용체 대항제'이다. 이 물질이 구토를 억제한다는 것이 첫 번째 실험에서 명확히 밝혀졌다.

폐암과 유방암 환자들이 항암 치료를 받을 때 가장 고통스러워하는 것이 바로 구역질과 구토다. 환자의 몸이 약물을 독으로 인식하고 거부반응을 보이는 것이다. 이때의 구토는 '가라앉힐 수 없는 증상'으로 통한다. 많은 이들이 다음의 항암치료를 생각할 때 벌써 구토를 두려워할 정도다. 그런 고통을 또 겪느니 차라리 죽고 싶다는 생각마저 든다고도 한다. 그래서 그들은 치료를 중단하기 일쑤이고 그동안 암세포는 계속 퍼진다. 구토를 막는 약은 암 환자들에게 획기적인 일일 터이다.

'BRL 43694'는 라이저 박사가 일하는 노이스의 '단계 1' 부서에서 계속 연구되어야 했다. 라이저 박사는 한 내부 문서의 글귀에서 멈칫했다. 구토를 억제하는 물질의 '거대한 시장'이 '군사 분야'에 있다는 언급이었다.

군사 분야를 거론한 데는, 전리 복사에 과다하게 노출될 때 걸리는 방사능병을 염두에 둔 것이다. 이것은 흔히 걸리는 병이 아니다. 원전 사고 혹은 핵전쟁이 이 병을 야기하기 때문이다. 이 병의 증상은 무수히 많은데, 이루 말할 수 없는 구역질과 가라앉힐 수 없는 구토가 그중 하나다. 제약회사는 중요한 내부 문서에 이렇게 기록했다. "방사선 치료 때 혹은 핵전쟁 때 만에 하나 방사능병이 생길 경우 '5-HT 수용체 대항제'로 예방 및 치료가 가능함이 증명된다면, 그런 물질의 시장 잠재성은 대단히 커질 것이다."

라이저 박사는 자신이 읽은 것에 대해 며칠 동안 깊이 고민했다. 그런 다음 자신의 결단을 상사에게 보고했다. 전쟁을 위해 일하고 싶지 않다고. 'BRL 43694'를 실험하지 않겠다고. 양심이 허락하지 않는다고.

양심의 자유는 '불가침'이라고 헌법 제4조 1항은 말한다. 헌법은 종교와 마찬가지로 양심을 보호한다. 제약회사는 헌법부터 해결해야 할까? 기본권은 사기업이 아니라 국가의 폭력으로부터 우리를 보호한다. 국가는 기본권에 주의하여 법을 만들고 판결을 내려야 한다. 이런 법과 판결이 라이저 박사와 제약회사 사이에 적용된다. 기본권은 그렇게 간접적으로 직장 생활에 적용된다. 그리고 라이저 박사는 상사의 지시를 거부할 때 양심의 자유를 근거로 댈 수 있다.

양심은 인간에게 무엇을 요구할까? 라이저 박사와 그의 상사가 나눈 대화 주제가 바로 이 문제였다. 대화는 대략 다음과 같이 진행되었으리라.

라이저 박사: *핵전쟁이 벌어지면 군인들은 방사능병 때문*

에 전투 능력을 상실하게 될 겁니다. 그때 우리 물질이 증상을 억제할 테고 그러면 군인들은 계속 전투에 나가 싸우겠죠. 그건 군인들을 전투 로봇으로 만드는 것과 같습니다. 결국 우리는 핵전쟁을 현실화하는 겁니다.

상사: 무슨 얘긴지 도통 알 수가 없군. 우리는 암 환자와 편두통 환자들을 위해 연구를 하는 겁니다. 이 물질이 핵전쟁에 쓰이든 말든 그건 우리 소관이 아니에요. 어떤 것이든 악의적으로 사용하면 해가 됩니다. 물병으로도 사람을 죽일 수 있어요. 당신처럼 생각한다면 어느 직장이든 모두가 자기 업무를 거부해야 할 겁니다.

라이저 박사: 바로 그겁니다! 모두가 자신의 업무에 대해 심사숙고한다면 전쟁은 일어나지 않을 겁니다. 저는 평화주의자입니다. 전쟁 확률을 아주 약간만 높이는 일일지라도 저는 그런 일을 결코 하지 않을 겁니다.

상사: 암 환자들에게 한번 물어 보세요. 당신의 견해를 어떻게 생각하는지. 모두가 당신처럼 생각한다면, 수많은 환자들이 앞으로 불필요하게 고통을 받을 수밖에 없어요. 많은 이들이 괴로워하다 일찍 죽게 되겠죠. 당신은 그걸 양심이라고 합니까?

라이저 박사: 이 물질이 군사적으로 사용되지 않을 거라 약속해 주십시오.

상사: 내가 그걸 어떻게 약속할 수 있겠어요. 맡은 일을 하

세요. 그러지 않으면 회사는 당신을 해고할 수밖에 없어요.

대화를 보면, 라이저 박사의 주장에는 논리적·도덕적 약점이 있다. 양심에 따른 결정은 얼마나 납득 가능해야 할까? 얼마나 도덕적으로 정당해야 할까? 누군가에게 이렇게 말해도 될까?

"당신의 양심은 틀렸다!"

라이저 박사의 업무 거부로 회사 전체가 시끄러워졌다. 영국 본사의 고위 경영진들이 그를 설득하러 독일로 왔다. 회사는 계속해서 설득했지만 라이저 박사는 자신의 결단을 고집했다. 결국 그는 해고 통지서를 받았다. 그는 소송을 냈다.

법원은 이렇게 판결했다. 양심의 자유는 업무 거부의 구실로 맘대로 쓸 수 있는 백지수표가 아니다. 우리는 양심에 따른 결정을 객관적인 잣대로 점검해야 한다. 그러지 않으면 정도를 벗어나게 될 터이다. 법원은 '객관적 양심'을 대표하는 집단이다. 라이저 박사의 주장은 법원을 설득하지 못했고 제약회사가 승소했다.

양심을 객관적으로 점검하려면 무엇을 잣대로 삼아야 할까? 법원은 이것을 명확히 밝힐 수 없었다. 그것이 문제였다. '좋은 예술'과 '나쁜 예술'을 구별하고 오직 '좋은 예술'만 보호한다면 예술은 자유로울 수 없다는 것을 우리는 예술의 자유에서 확인했다. 또한 '올바른 의견'과 '틀린 의견'을 구별하고 '올바른 의견'만 보호한다면 표현의 자유는 있을 수 없다. 양심의 자유도 마찬가지다. 누구든지 고유한 양심을 가질 수 있고 양심의 정당성을 증명할 필요가 없을 때만 양심의 자유가 보장된다. 이런 '주관적 양심'에 따르면, 양심적 결정의 내용을 따져선 안 된다.

그렇다면 정말 모두가 마음대로 자신의 업무를 거부해도 될까?

라이저 박사의 소송이 있기 이전에 이미 이런 질문이 제기되었다. 오래전부터 양심에 따른 결정이 특별하게 적용되는 분야가 있었다. 군 복무 거부. 헌법은 누구도 자신의 양심에 반하여 무기를 들고 전쟁에 참가하도록 강요되어서는 안 된다고 명확히 말한다. 독일의 경우 2011년까지 만 18세 이상의 건강한 남자들은 '양심적 전쟁 거부자'로 인정받지 않는 한 의무적으로 군 복무를 마쳐야 했다. 1980년대 초에 심리학을 공부하는 한 젊은이가 라이저 박사와 마찬가지로 양심을 지키기가 쉽지 않음을 경험해야 했다. 이 젊은이는 사람을 돕는 것을 자신의 소명으로 보았고 심리 치료사가 되고자 했다. 그는 어렸을 때 폭력과 고난이 무엇을 뜻하는지 경험했다. 권위적인 부모 밑에서 매를 맞으며 자랐고 학교 친구들에게 구타와 괴롭힘을 당했다.

그는 이런 고난을 어떻게 막을 수 있을지 오랫동안 숙고했다. 그러다 불교의 가르침을 만났고 그 가르침대로 살고자 했다. 불교는 선행을 통해 환생의 고리를 끊을 때까지 모든 생명체가 환생한다고 확신한다. 진딧물을 포함해 일체 살생을 하지 않는 것이 이런 선행에 속한다. 이 심리학도는 자신이 대해지고 싶은 방식으로 다른 생명체를 대하고자 했다. 그는 엄격한 채식주의자로 살았다. 전쟁에서 사람을 죽이는 일은 상상조차 할 수 없었다.

그러나 해당 관청은 그를 '양심적 전쟁 거부자'로 인정하지 않았다. 양심에 따른 결정과 무관하다고 관청은 답변했다. 그는 헌법재판소로 갔다.

양심에 따른 결정에 옳고 그름이 없다면 어떻게 될까? 철학, 신학, 심리학, 사회학 등 여러 분야에서 그것에 대해 고심했다. 저마다 양심의 다른 면을 강조했다. 헌법 제4조가 의미하는 양심을 발달시키기 위해 인간이 거쳐야 하는 세 단계가 토론 끝에 만들어졌다. 생각, 감정, 복종.

1단계 생각: 문제에 대한 정보를 수집하고 그것을 저울질한다. 대부분의 가치판단은 무의식적이다. 우리는 직감으로 사람, 주제, 사물, 행위에 대해 호감 혹은 비호감을 갖는다. 그러나 양심은 의식적인 것이다. 그것은 숙고를 통해 규칙을 인지했음을 전제로 한다. 이 규칙은 윤리적·관습적 범주, 다시 말해 선과 악의 범주를 기준으로 삼는다. 양심의 저변에 가치판단이 있다.

우리의 전쟁 거부자는 이 단계에 올라섰다. 그는 여러 해 동안 고난을 막을 방법을 깊이 생각했고 살생은 '악'이고 살생하지 않는 것이 '선'임을 깨달았다.

2단계 감정: 이 단계에서는 인지 내용을 감성으로 '번역'한다. 깨달은 것과 다르게 행동한다고 해서 뇌가 "너는 선과 악에 대한 너의 지식과 반대로 행동한다"라고 냉철하게 지적하지 않는다. 두 번째 단계에서는 마음이 무거워 잠을 이루지 못한다. 감정은 영혼에 고통을 안긴다.

3단계 복종: 나는 인지한 것을 내 인격으로 만든다. 윤리적 의무를 나의 일부로 만든다. 그것은 경고음이 되고, 신념에 반하는 행동 때문에 밤에 잠을 이루지 못할 때 나는 이 경고음을 듣는다. 양심이 검열관이 된다.

이것은 아주 극적으로 들리고 실제로 극적이다. 마지막 두 단계는 양심과 단순한 확신의 차이점을 보여 준다. 예를 들어 음식을 버리면 안 된다고 거의 모두가 확신한다. 빵을 너무 많이 산 나머지 결국 곰팡이가 펴서 버리게 되면 대부분이 이것을 '선'으로 느끼지 않는다. 그러나 이것 때문에 잠을 설치진 않는다. 이것이 확신과 양심의 차이다. 그것은 '하는 것이 좋다'와 '해야 한다'의 차이다. 생각, 감정, 복종 세 단계를 모두 거친 사람만이 헌법 제4조에서 말하는 양심을 가진 것이다. 양심은 영혼의 실제 현상이다. 양심은 특정 결정을 내리게 하고 내적으로 의무화한다. 나는 심각한 위험이 없는 한 양심에 반해서 행동할 수 없다.

양심을 근거로 하면, 양심에 따른 결정이 '올바름'을 증명하지 않아도 된다. 그러나 양심에 반하는 행동을 하는 것이 나를 존재적 위험에 빠트린다는 것을 타당성 있게 증명해야 한다. 단지 주장만 해선 안 된다. 이것이 저마다 자신의 업무를 맘대로 거부하지 못하게 막아주는 차단막이다.

양심의 가책으로 힘들어한다는 것을 어떻게 증명할 수 있을까? 생물학과 여대생의 다음 사례를 보자. 그녀는 죽은 동물이든 살아 있는 동물이든 모든 동물실험을 거부했다. 그러나 생물학 공부를 위해서는 동물실험을 하지 않을 수가 없다. 적어도 동물표본을 사용할 수밖에 없다. 생물학도들이 당당하게 밝히듯이, 생물학 전공은 '동물 소비'가 필수다. 우리의 여대생은 동물 소비 없이 공부하고 싶으니 동물실험을 면제해달라고 대학에 요청했다. 대학은 거절했고 여대생은 소송을 냈다.

판사가 여대생에게 물었다. 동물실험 없이 어떻게 생물학을 공부하겠다는 건가? 이때 그녀가 지금까지 이 문제를 진지하게 고민하지 않았다는 것이 드러났다. 그녀는 교수들과 대안에 대해 의논하지 않았다. 그녀는 어떤 대학에 동물실험 면제 규정이 있고, 자신이 어떤 성공을 거두게 되고 어떤 전말을 맞을지에 대해 철저히 조사하지 않았다. 그녀는 다른 대학으로 바꾸는 가능성도 타진해 보지 않았다. 한마디로 그녀는 자신의 '양심'에 대해 크게 고민하지 않았다. 그래서 법원은 그녀의 동물실험 면제 요청을 기각했다.

이 소송 사례는 양심의 위기를 증명하기 위해 내가 무엇을 할 수 있는지(여대생이 하지 않은 모든 것) 보여 준다. 예를 들어, 자신의 결정이 가져올 결과에 대해 숙고하기. 나의 결정 때문에 설상가상으로 더 힘들어지면 어떻게 할까? 나의 결정은 나와 다른 사람에게 어떤 결과를 가져올까? 혹은 대안 찾기. 나의 양심에 따른 결정을 실현하려면 어떻게 해야 할까? 그리고 무엇보다 양심을 따르기 위해 불이익을 감수할 준비가 되어 있어야 한다.

우리의 전쟁 거부자 역시 법원에서 질문에 답해야 했다. 총에 맞아 죽을 위험에 처한 사람을 본다면 당신은 어떻게 하겠는가? 무고한 생명을 구하기 위해 최악의 경우 공격자를 죽일 수 있겠는가? 그는 이런 문제에 대해 깊이 생각해 본 적이 없다고 자백할 수밖에 없었다. 그는 자신의 결정이 가져올 결과에 대해 고민하고 숙고하지 않았다. 국가가 공격을 받았는데 아무도 방어에 나서지 않는다면 그것은 무엇을 뜻할까? 내가 아무것도 하지 않고 보고만 있느라 무고한 사람들이 죽는다면 나는 어떤 내적 갈등을 느끼게 될까? '살인하지 말라'는 계명에 대한 신념뿐 아니라 양심에 따른 결정에서도 모두가 이런 내적 갈등을 겪게 된다. 그러므로 이 젊은이는 군대에 가야만 한다.

이제 라이저 박사에게로 돌아가 보자. 그는 해고 2년 뒤에 연방노동법원에 다시 소송을 냈다. 그는 '주관적 양심'을 따랐고 내용 면에서도 자신의 결정이 옳다고 확신했다. 또한 양심의 위기를 납득할 만하게 설명할 수 있었다. 그는 자신의 결정을 제때 상사에게 보고했고 다른 업무를 맡을 대안을 조사했다. 동료, 상사, 연구자들과 수없이 면담을 했다. 자신의 결정이 가져올 결과에 대해서도 깊이 고민했다. 약물의 군사적 사용을 배제하고 계속 연구할 수 있는 해결책을 찾기 위해 부단히 노력했다. 해고 위협에도 그는 결정을 바꾸지 않았다. 자신의 양심을 지키기 위해 불이익을 감수할 각오가 되어 있었다. 한마디로 라이저 박사는 진짜 양심에 따라 결정을 내렸던 것이다.

이것은 제약회사와 해고에 어떤 의미를 가질까? 종교의 자유처럼 양심의 자유는 '불가침'이다. 이것은 마치 라이저 박사의 양심을 지켜주기 위해 세계가 모든 조처를 취해야 할 것처럼 들린다.

그러나 헌법은 양심뿐 아니라 가령 기업의 경영 자유권도 보호한다. 어느 쪽도 다른 쪽보다 더 중요하지 않다. 양쪽 모두가 종교의 자유에서 확인했던 '헌법의 내재적 한계'에 있다. 종교의 자유에서처럼 우리는 기업의 경영 자유권과 직원의 양심 모두를 최대한 보호할 수 있는 방법, 즉 최고의 타협점을 찾아야 한다. 비좁은 유리컵에서 서로를 위해 자리를 양보해야 하는 두 개의 삶은 달걀처럼.

최고의 타협을 위한 기본 규칙이 두 가지 있다. 어떤 사람이 정육점에 취직한 상황을 가정해 보자. 정육점에 들어선 순간 그는 동물을 죽이고 자르고 판매하는 행위를 양심상 용납할 수 없다는 생각이 든다. 직원의 양심을 지켜 주기 위해 정육점 주인은 최악의 경우 업종을 제과점으로 바꿔야만 할까? 절대 그렇지 않다. 자신의 직업이 양심적 갈등을 일으키리라 예상될 때, 회사가 자신을 위해 양보해 주기를 기대해선 안 된다.

나는 제과점에 취직했는데, 주인이 갑자기 업종을 정육점으로 바꾼 상황을 가정해 보자. 나는 양심상 동물을 죽일 수 없다. 이 경우 양심의 위기는 갑자기 찾아왔다. 정육점에는 죽은 동물과 무관한 다른 업무가 없다. 그렇다면 주인은 내게 일을 시키지도 못하면서 계속 월급을 주고 고용해야 할까? 이것 역시 있을 수 없는 일이다. 양심의 가책 없이 내가 할 수 있는 업무가 회사에 있을 때만 나는 고용 유지를 요구할 수 있다. 그런 업무가 없다면 회사는 나를 해고해도 된다.

라이저 박사의 사례를 보면, 'BRL 43694'는 그가 고용계약서에 서명한 이후에 발견되었다. 그는 이런 갈등에 대해 예상할 필요가 없었다. 제약회사는 아주 크기 때문에 'BRL

43694'와 무관한 업무가 많이 있을 터이다. 회사는 라이저 박사를 위해 그런 업무를 찾아야 한다. 그런 업무를 찾을 수 없을 때만 회사는 그를 해고할 수 있다.

라이저 박사가 새로운 일자리를 찾아야 했던 것은 자신의 양심을 지키기 위해 치러야 할 대가였다. 양심의 자유는, 양심을 지키면서 어떤 불이익도 당하지 않고 맘껏 삶을 누려도 된다는 뜻이 아니다. 오히려 불이익을 감수함으로써 자신의 결정이 양심에 따른 결정임을 증명해야 한다.

양심은 확신에서 생긴다. 그러나 때때로 삶의 불확실성이 우리를 괴롭힌다. 다음 장에서 불확실성과 싸우는 사람들을 만나 보자.

Part 4.
사랑하는
나의 가족

Chapter 1.

가족이란 무엇인가?

버려진 친부

2004년 4월 마르쿠스는 편지 한 통을 받았다. 봉투 안에는 갓난아이의 사진이 들어 있다. 발신인은 변호사다.

마르쿠스가 보기에 사진 속 아이는 자기 아들이 분명했다. 그는 2003년 6월 11일 오순절 다음 수요일을 똑똑히 기억한다. 이날 그는 여자 친구와 미래를 약속했고 아이를 갖기로 했고 함께 잤다. 여자 친구가 임신했을 때 병원에 같이 갔고 그녀 역시 마르쿠스를 아이 아빠로 소개했다.

그러나 마르쿠스의 여자 친구는 곧 태도를 바꾸었다. 그녀는 마르쿠스에게, 자신은 이미 결혼한 사람으로 잠시 바람을 피웠던 것뿐이라고 말했다. 그리고 이제 모든 게 끝났다고, 남편도 용서했다고, 나머지 얘기는 변호사와 하라고 덧붙였다.

그녀가 결혼했다는 것은 마르쿠스도 알고 있었다. 당시 그녀의 남편은 일 때문에 영국에 살았고 그녀는 독일에 살고 있었다. 부부는 어쩌다 한 번씩 교대로 서로를 방문했다. 그러는 사이 그녀는 마르쿠스를 만나 1년 넘게 관계를 맺어왔던 것이다. 그러다 2003년 7월에 임신을 했고 두 달 뒤, 영국에 사는 남편에게로 갔다.

2004년 3월에 그녀는 영국에서 아이를 낳았고 마르쿠스는 나중에 이 사실을 알게 되었다. 그는 진실을 알고 싶었다. 자기 아이라면 크리스마스나 생일 때 선물을 보내고 싶었다. 아이를 만나고 싶었고 아이가 잘 지내는지 알고 싶었다. 그러나 아이의 어머니와 그녀의 남편은 마르크스와의 모든 접촉을 거부했다. 그들은 보수적인 도시에서 평범한 가족으로 살았다. 그들은 아이의 친부가 누구인지 모른 채 살고 싶었다.

부모란 무엇일까? 아이의 친모는 아이를 낳은 여자다. 이것에 대해서는 자연과 법이 일치한다. 출산은 감출 수 없는 명료한 과정이기 때문이다.

아이의 친부가 누구인지는 덜 명확하다. 오늘날 우리는 DNA를 비교하는 유전자 검사로 그것을 확인할 수 있다. 이론적으로만 보면, 출생 신고서에 아버지 이름을 올리기 전에 누가 친부인지를 확인해야 한다. 그러기 위해 산모는 자신이 누구와 잤는지 말해야 하고 호명된 남자들은 모두 유전자 검사를 받아야 하리라. 비용이 많이 들 뿐만 아니라 아주 불명예스러운 일이기도 하다.

그러므로 법은 출산 시점에 산모와 혼인 상태에 있는 남자를 아이의 아버지로 가정한다. 산모가 미혼일 경우, 산모가 지목하는 남자를 아이의 아버지로 인정한다. 법적인 아버지가 생물학적 아버지인지는 아무도 확인하지 않는다. 일치하든 아니든 상관없다. 법은 두 가족으로 구별되는 것을 감수한다. 법적인 가족과 생물학적인 가족. 현실과 진실.

마르쿠스와 잔 여자는 기혼이었기 때문에 아이에게는 이미 법적 아버지가 있다. 바로 그녀의 남편. 처음부터 마르쿠스를 위한 자리는 없었다.

그러나 무엇이 더 중요한가? 현실인가 진실인가? 현실이란 영국에 있는 법적인 가족을 뜻한다. 규정된 관계, 현재 상태의 정상적인 행복. 진실이란 생물학적 가족을 뜻한다. 혹시나 기대하게 되는 행복.

법은 2004년 4월에 이것에 대해 명확히 답했다. 법은 현실의 편이다. 어머니, 아이, 어머니와 혼인한 남자로 구성된 법적인 가족을 보호한다. 누군가 친부 확인 소송을 내면 법원은 유전자 검사를 통해 법적인 아버지가 생물학적 아버지인지를 확인한다. 그러나 친부 확인 소송은 법적인 아버지(여기서는 영국에 사는 남편), 어머니 그리고 아이만 할 수 있다. 이 셋 중 아무도 친부 확인 검사를 요구하지 않으면 이 가족은 아무 문제가 없는 것이다.

가족이 제 기능을 하면 법은 아버지가 '진짜'인지 상관하지 않는다. 아이는 아버지를 잃지 않는다. 어머니는 아이와 함께 버려지지 않고 가정을 유지한다. 다른 남자가 나타나서 자신이 진짜 아버지라고 주장해도 법은 그를 무시한다. 그에게는 자신이 친부일 거라는 의심을 확인할 기회조차 주어지지 않는다. 그는 면접권도 요구할 수 없다. 자신이 친부임을 아무리 확신하더라도 그는 영원히 혼자다. 마르쿠스가 편지를 열었을 때, 법은 그렇게 정해져 있었다.

마르쿠스 이전에 이미 이것에 저항한 사람이 있었다. 레버쿠젠에 사는 한 의대생과 그와 똑같이 생긴 아이에 관한 이야기다. 이 남자는 아랍계였고 아이는 그의 검은 눈동자와 머리칼, 피부색, 얼굴 생김새까지 똑같이 닮았다. 그는 출산 당시 산모 곁에 있었고 탯줄도 직접 잘랐다. 아이가 태어나기 전에 벌써 아이 어머니와 함께 아기방을 꾸몄고 아랍식 이름도 지어놓았다. 아이가 태어난 후에도 함께 살면서 아이를 돌봤다.

의대생은 이렇게 설명했지만 아이의 어머니는 그런 기억이 없다고 주장했다. 미혼이었던 여자는 새 남자 친구를 아이의 아버지로 지목했고 그렇게 인정되었다. 그러니까 새 남자 친구가 아이의 법적 아버지가 된 것이다. 그 법적 아버지는 아이의 양육비를 내지만 한 집에 같이 살진 않았다.

의대생은 아이의 아버지 자격으로 같이 살고 싶었지만 패소했다. 혼인하지 않은 여자와 아이를 만든 사람은 '스스로 위험을 감수해야 한다고' 쾰른 재판부는 판결문에 썼다. 언제나 법적 아버지가 자동적으로 생물학적 아버지를 이긴다.

의대생은 계속해서 싸웠다. 마르쿠스가 2003년 여름에 유부녀와 만나는 동안, 이 의대생은 헌법재판소에 갔다. 헌법 제6조 2항이 점검되었다. "자녀의 부양과 교육은 부모의 자연적 권리이다." 헌법이 말하는 '부모'란 누구를 뜻하는 걸까? 헌법에는 명시되어 있지 않다. 그러므로 생물학적 아버지도 법적인 아버지도 이 조항을 근거로 삼을 수 있다.

헌법재판소는 흥미로운 의심을 하기 시작했다. 양쪽 모두를 똑같은 아버지로 인정하면 안 되나? 아이에게 아버지가 두 명이고 어머니가 한 명인 게 그렇게 심각한 문제일까? 오늘날 '패치워크 패밀리[3]'도 있고 가족관이 많이 달라졌는데 말이다.

그러나 부모는 공동으로 아이를 책임져야 하고 함께 양육하고 가능한 한 일치된 모습을 보여야 한다. 이것은 두 명만으로도 벌써 힘들다. 어머니와 아이가 동등한 권리를 가진 두 명 혹은 그 이상의 아버지들을 공식적으로 갖게 된다면 혼란이 이만저만이 아닐 터이다. 공식적인 부모가 그렇게 많다면

---

3. 패치워크(patchwork)는 크고 작은 천 조각들을 서로 꿰매 붙이는 수공예를 뜻한다. '패치워크 패밀리'란 조각보처럼 여러 인간관계가 복합적으로 이루는 가족 공동체를 말한다.

학교는 누구에게 공문서를 보내야 할까? 헌법재판소는 아이의 양육이 두 사람 이상에게 배분될 수 없다 결정하고 공식적인 아버지를 한 명으로 제한했다.

그러나 이 한 자리를 두고 겨루는 결투에서, 우연히 법적 아버지의 역할을 맡게 된 남자가 자동으로 이기는 게 과연 합리적일까? 단지 법적 관계에 혼란을 초래하지 않기 위해? 의대생의 사례에서 법적 아버지는 단 한 번도 어머니와 아이와 함께 살지 않았다. 그는 아이를 전혀 돌보지 않고 '양육비만 내는 아버지'였다. 의대생이 가족의 삶을 망치게 될까? 어쩌면 새 아버지가 등장하여 진짜 책임을 짊어지는 것이 어머니와 아이에게 더 좋을지도 모른다. 그래서 헌법재판소는 법적 아버지가 '양육비만 내는 아버지'라면, 생물학적 아버지를 가족에서 분리할 까닭이 없다고 판결했다. 의대생은 아버지 자리를 탈환할 기회를 가져야 마땅했다.

의회가 이것에 응답하여 생물학적 아버지를 위한 취소권을 만들었다. 이를 위해서는 먼저 자신이 아이의 어머니와 가임기에 동침했다는 것을 맹세할 수 있을 만큼 확신해야 한다. 그러면 진실을 알려줄 친부 확인 검사를 받을 수 있다. 친부임이 확인되면 기존의 법적 아버지에게 자리를 내놓으라고 요구할 수 있다.

취소권으로 진실이 현실을 이기게 된 걸까? 아직 아니다. 취소권은 오직 의대생의 사례처럼 아이가 법적 아버지와 정상적인 가족으로 살지 않을 때만 적용되기 때문이다. 현실을 방해하지 않을 때만 진실이 기회의 빛을 볼 수 있다. 그 밖의 모든 경우, 생물학적 아버지 혹은 스스로 그렇다고 믿는 사람은 현재 정상적으로 기능하는 가족에 함부로 끼어들어선 안 된다.

마르쿠스가 보고 있는 사진 속 아이가 영국에서 태어난 지 몇 주 뒤인 2004년 4월 말에 취소권이 발효되었다. 그러나 마르쿠스에게 이 법은 도움이 안 되었다. 그의 경우에는 아이가 법적 아버지와 정상적으로 같이 잘 살고 있기 때문이다. 그들은 정상적으로 기능하는 가족이었다. 게다가 2012년에 유럽 인권법원은, 이런 경우 생물학적 아버지가 법적 아버지를 물러나게 할 수 없다고 판결했다. 현실이 진실보다 강하니 현재 상태가 유지되어야 한다.

그러나 마르쿠스가 바랐던 것은 보수적인 영국 도시에 사는 법적 아버지를 쫓아내려는 게 아니었다. 그저 자기 아이를 이따금 만나고, 전화 통화를 하고, 잘 지내는지 안부를 확인하는 정도면 충분했다. 아이가 정말로 자기 아이라면 만날 권리만이라도 보장받고자 했다. 그러나 헌법재판소는 그의 손을 들어주지 않았다. 예전부터 아이와 관계를 맺었더라면 계속 만나는 것이 아이에게 좋을 수 있겠으나, 아이의 어머니는 출산 전에 그를 떠났고 현재 아이와 마르쿠스는 서로 모르는 사이다. 그가 갑자기 나타나면 가족에게 혼란만 줄 것이다.

마르쿠스는 포기하지 않았다. 그는 헌법재판소가 잘못 판단했을 수 있다고 생각했다. 자기 나라에서 인권이 보장되지 않는 것 같으면, 유럽 사람들은 유럽 인권법원에 도움을 청할 수 있다. 유럽 인권협약에 서명한 모든 국가는 이 협약을 지켜야 하는데 독일 역시 협약에 서명했다. 유럽 인권협약은 개인과 가족을 보호한다. 마르쿠스는 이것을 근거로 유럽 인권법원에 도움을 청했다. 2011년 9월이었고 영국에 사는 아이는 벌써 일곱 살이 되었다.

법원은 '아이의 아버지는 출산 당시 산모와 혼인 상태에 있는 남자다'라는 옛날 해석을 살폈다. 옛날에는 이런 단순한 해석이 가능했다. 출산 당시 산모와 혼인 상태에 있는 남자가 대부분 친부였기 때문이다. 남편과 아이의 친부가 다른 경우는 대단히 예외적인 사례였다. 그런 예외 상황은 멸시되었다. 현실을 진실로부터 보호하는 것이 중요했다.

그러나 2011년에는 사회적으로 많은 것이 달라졌다. 바야흐로 법적 아버지가 아이와 같이 살고 생물학적 아버지가 다른 곳에 사는 경우가 더는 이상한 상황이 아니었다. 그것은 멸시될 흠이 아니라 아이가 받아들여야 하는 사실이라고 법원은 판결했다. 법적 아버지 외에 낳아준 아버지를 만나는 것이 아이에게 중요할 수 있다. 낳아준 아버지는 진심으로 아이에게 관심을 가진다. 우리는 그를 가족에게서 떼어 놓아선 안 된다.

마르쿠스 역시 진심으로 아이에게 관심이 있다. 그가 여태 아이와 관계를 맺을 수 없었던 것은 그의 잘못이 아니다. 그러므로 그가 친부라면 아이를 만나도 된다. 친부임을 밝히기 위해 유전자 검사를 해도 된다.

처음으로 진실이 현실과 나란해졌다.

진실과 현실 사이에 제3의 남자가 또 있다. 팔코는 마르쿠스나 의대생과 달리 외부가 아닌 내부가 가족의 평화를 위협한 경우다. 그의 이야기는 병원 진료에서 시작된다.

"자녀가 있나요?" 의사가 그에게 물었다.

팔코는 딸을 생각했다. 눈에 넣어도 아프지 않을 딸. 1994년 딸이 태어날 당시 그는 여자 친구와 혼인 상태가 아니었다. 여자 친구는 그를 친부로 지목했고 그 역시 인정했다. 둘은 3년을 같이 살며 딸을 키웠다. 그리고 헤어졌다. 그러나 팔코는 딸과 계속 연락하며 지냈다.

"이런, 괜한 걸 물었군요." 진료 기록을 훑으며 의사가 말했다. 의사의 설명에 따르면, 팔코의 생식력은 10퍼센트밖에 안 되었다. 그 말인즉슨, 태어날 때 곁에 있었고 3년을 같이 살았고 여전히 연락하고 지내며 매달 316유로씩 양육비를 내고 있는 사랑하는 딸이 친딸이 아닐지도 모른다는 뜻이었다.

팔코는 옛날 여자 친구에게 가서 이 상황을 설명했다. 그러자 그녀는 어깨만 으쓱해 보일 뿐, 그것에 대해 길게 얘기하기를 꺼렸다. 그녀는 지금 이대로가 좋았다. 딸에게는 아버지가 있어서 좋고 그녀에게는 양육비를 내는 사람이 있어서 좋았다.

법적 아버지가 자신이 친부인지 의심이 들 때, 법은 그것을 확인해 볼 수 있는 권리를 보장한다. 그는 친부 확인 검사를 요청할 수 있다. 그러나 그 검사 카드 한 장에 모든 걸 걸게 된다. 의심이 사실로 확인되는 순간 그는 자동적으로 가족과 작별해야 한다. 친부 확인 검사를 시험 삼아 해볼 수는 없다. 또한 검사 신청 조건이 아주 까다롭다. 단지 찜찜한 기분만으로는 안 된다. 친부가 아니라고 의심할 만한 합당한 근거를 제시해야만 한다. 팔코의 진단서만으로는 충분치 않았다. 생식력이 0이 아닌 이상 그는 아이의 아버지일 가능성이 있기 때문이다.

팔코는 직접 알아보기로 결심했다. 그는 딸이 뱉은 껌을 봉지에 담아 유전자 검사를 의뢰했다. 결과는 명확했다. 팔코는 확실히 친부가 아니었다. 그러나 법원은 이 검사를 인정하지 않았다. 법원의 판결에 따르면, 유전자 검사를 의뢰한 껌이 딸의 것이라는 증거가 없고 팔코가 비밀리에 유전자 검사를 진행한 것은 어머니와 딸의 권리를 해친 행위였다.

2007년 헌법재판소가 팔코의 사례를 논의할 때, 딸은 벌써 13

세가 되었다. 팔코는 헌법 제2조 1항, 자유로이 인격을 발현할 권리를 근거로 삼았다.

자신의 사회적 관계와 유전적 관계를 아는 것은 자기 자신을 이해하고 자신의 인생 좌표를 찾는 데 매우 중요하다. 누가 나를 낳았는가? 누가 나의 자식인가? 이것은 존재론적 물음으로, 이것이 불확실하면 모두가 괴롭다. 팔코는 이런 괴로움을 감내하고 싶지 않았다. 그는 진실을 알고 싶었다. 이런 경우 현실이 진실을 가로막는 것일까?

현실을 보자. 법적 아버지가 의심을 품는 순간 가족의 평화는 이미 해를 입는다. 그러나 아버지가 친부가 아닌 걸로 밝혀지더라도 오늘날에는 예전과 달리 그것이 모든 가족에 심각한 문제를 일으키지 않는다. 친부는 아이와 연결된 기분을 느끼고 아이의 아버지로 남고자 한다. 진실이 반드시 가족을 파괴하는 건 아니다. 오히려 진실이 의심을 종결시키기 때문에 가족의 평화를 구할 수도 있다.

그렇다면 아이는 어떨까? 거짓 환상을 간직할 권리가 아이에게 있을까? 나이에 따라 다르겠지만, 아버지가 친부가 아니라는 사실이 아이를 힘들게 할 수 있다. 그러나 이것은 시간이 해결해 준다. 아이가 받을 충격을 이유로 아버지에게 영원한 의심의 고통을 감내하게 해선 안 된다. 마르쿠스의 사례에서 이미 확인했듯이, 아이가 그런 사실을 받아들일 수 있고 받아들여야 할 정도로 사회가 바뀌었다.

그러므로 헌법재판소는 이렇게 판결했다. 팔코에게는 진실을 확인할 권리가 있다. 그가 진실을 알고자 하는 것만으로도 충분한 근거가 된다. 그리고 2008년 4월에 새로운 법이 발효되었다. 이제 법적 아버지는 아무 조건 없이 친부 확인 검사를 신청할 수 있다. 그는 카드 한 장에 모든 것을 걸지 않아도 된다. 어머니와 아이 역시 아버지가 친부가 맞는지 확인을 요청할 수 있다. 셋 모두에게 진실을 알 권리가 있는 것이다. 가족은 이 진실을 가지고 살아야 한다.

두 번째로 진실이 현실과 나란해졌다.

그렇다면 법적 가족과 생물학적 가족 중 어느 쪽이 더 강한가? 현실과 진실 중 어느 쪽이 더 강한가? 이 질문의 대답이 몇 년 사이에 급진적으로 바뀌었다. 이제 법적 아버지는 아무런 의무 없이 아이가 친자인지 확인할 수 있고 결과와 상관없이 계속 아버지로 머물 수 있다. 생물학적 아버지는 법적 아버지와 동등하게 아이에 대한 면접권을 요구할 수 있다. 법적 아버지가 아이의 삶에 아무 역할도 하지 않으면 생물학적 아버지는 법적 아버지를 아버지 자리에서 내칠 수도 있다. 법적 가족과 생물학적 가족, 현실과 진실 중에서 법이 한때는 한쪽만을 보호하려 했지만 이제는 둘이 나란히 설 수 있다.

진실이 현실에게 양보해야만 하는 또 다른 사례가 있을까? 마르쿠스가 영국에 사는 아이에게 아무 관심이 없다고 가정해 보자. 아이를 만날 마음은 없고 그저 자기 아이가 맞는지만 궁금하다면 어떻게 될까? 법적 아버지, 그러니까 영국에 사는 남편은 아무 조건 없이 간단하게 아이가 자신의 친자인지 확인할 수 있다. 가족 외부의 모든 남자들도 조건 없이 간단히 친부 확인 검사를 요청할 수 있어야 할까?

　현재 그것은 금지되었다. 법적 아버지가 재정적으로나 여러모로 아이에 대한 의무를 지고 있기 때문이다. 아이가 친자냐 아니냐의 문제는 가족 외부의 어떤 남자들보다 법적 아버지에게 더 시급하다. 게다가 법적 아버지는 언제나 단 한 명만 인정된다. 그리고 아무나 와서 아이가 자기 아이라고 주장할 수도 있다. 아이에 대해 아무것도 모른 채 단지 그 아이가 자기 아이인지만 확인하겠다는 요구를, 가족의 평화를 깨면서까지 들어줄 필요가 없다. 이것에 관해서는 오늘날에도 명확한 경계선이 있다. 이 선을 넘지 않는 한, 진실은 현실을 해치지 않기 위해 어둠 속에 머물러 있어야 한다.

가족관은 많이 달라졌고 계속해서 새로운 동거 형식이 생긴다. 그러나 모두가 새로운 동거 형식을 상상할 수 있는 건 아니다. 그렇다면 법은 그것을 어떻게 처리할까? 다음 장에서 알아보자.

Chapter 2.

국가는 어떤 가정을
보호해야 하는가?

모두를 위한 혼인

마누엘라는 3.8미터 높이 천장에 걸린 샹들리에를 뿌듯한 마음으로 올려다본다. 아무나 할 수 있는 일이 아니다. 그녀는 특히 이런 일에 소질이 있다. 지난주에는 식기세척기도 수리했다. 마르크는 책상에서 처리하는 일에 소질이 있다. 그래서 보험 관리, 예금계좌 관리, 관공서 업무 등을 도맡아 처리한다. 두 사람 모두 살림에는 취미가 없다. 하지만 다행스럽게도 그들에게는 안드레아가 있다. 그녀가 청소를 하고 장을 본다.

　세 사람은 한 방에서 꼭 붙어 잔다. 추운 겨울에는 특히 더. 마르크는 걸핏하면 침대에서 떨어지기 일쑤다. 힘겹게 찾아낸 가장 넓은 침대지만 폭이 2미터라 세 명이 자기에는 살짝 비좁기 때문이다.

　마누엘라, 마르크, 안드레아가 알고 지낸 것도 벌써 21년

째다. 그들은 8년 전부터 같은 집 같은 방 같은 침대를 쓰며 가족처럼 산다. 현재 마누엘라는 64세, 마르크는 59세, 안드레아는 정확한 나이를 밝히진 않았지만 그 중간쯤 되는 듯하다. 세 사람은 함께 노년을 준비했고 이미 한 집에서 서로를 책임지고 돕고 있다.

2016년, 그들은 이제 혼인을 통해 서로에 대한 책임을 공식화하고자 한다. 셋이서.

헌법 제6조 1항에 따르면, "혼인과 가족은 국가 질서의 특별한 보호를 받는다". 이 조항은 한편으로 '제도적 보장'을 명시한다. 국가는 제도로서 삶의 방식으로서 혼인을 보장해야 한다. 헌법을 바꾸지 않는 한 국가는 혼인제를 없앨 수 없다. 다른 한편으로 헌법 제6조는 모두에게 스스로 선택한 사람과 혼인할 수 있는 자유를 보장한다. 이것이 혼인의 자유이다.

그렇다면 혼인이란 무엇인가? 헌법은 이것에 대해 설명하지 않는다. 헌법에는 여전히 내재된 한계가 있다.

뉘른베르크에 사는 클라우스와 마르틴은 1992년에 이 조항을 근거로 삼았다. 그들은 1992년 8월 19일에 '호적 운동'에 참여했다. 이날 약 250명의 동성 커플이 혼인 신고서를 제출했다. 호적 계원은 혼인신고를 받아주지 않았다. 혼인은 오로지 남녀 커플에게만 허용되었기 때문이다. 클라우스와 마르틴은 헌법에 그런 내용이 어디 있느냐고 헌법재판소에 물었다. 헌법재판소에는 혼인에 대한 완전한 개념 정의가 이미 있었다. 혼인은 한 남자가 장기적인 생활공동체를 위해 한 여자와 결합하는 것을 말한다.

이런 개념 정의는 어떻게 생겨났을까? 헌법에 이 조항이 작성될 당시에는 한 남자가 한 여자와 결합하는 것이 너무나 당연한 일이었기 때문에 굳이 헌법에 명시할 필요가 없었다. 당시에는 동성애가(적어도 남남 커플) 처벌의 대상이었다. 남자와 남자가 혹은 여자와 여자가 혼인을 한다는 것은 상상 밖의 일이었다. 헌법의 아버지와 어머니에게 '혼인'은 '개'와 '고양이' 같이 따로 설명할 필요가 없는 자연적인 개념이었다. 혼인은 두 사람이 함께 낳은 자식과 가족을 보호한다. 그러므로 혼인 자체도 보호된다.

그러나 헌법의 해석은 1949년 상태로 영원히 유지되지 않는다. 사회가 바뀌면 법에 대한 이해 역시 바껴야 한다. 혼인과 자식은 이미 오래전부터 분리되었다고, 클라우스와 마르틴은 주장했다. 바야흐로 수많은 부부가 자식을 낳지 않고 수많은 아이들이 비혼인 관계에서 태어난다. 법원은 1993년에 혼인과 자식의 분리를 인정했다. 그럼에도 사회는 여전히 '혼인'이라는 낱말을 1949년에 의도했던 '남자와 여자의 결합'으로 이해했다. 남녀 커플만이 혼인을 요구할 수 있고 클라우스와 마르틴처럼 남남 커플은 혼인할 수 없었다.

거의 10년이 지난 2001년 8월 1일, 하노버 시청에 사진기자들이 몰려왔다. 아침 8시 30분이 막 지났을 때 하인츠와 라인하르트가 시청 호적 사무소에 등장했다. 그들은 알록달록한 풍선 장식 밑으로 행진했고, 공중에 뿌려진 꽃가루가 그들의 조끼에 내려앉았다. 두 사람은 빨강, 주황, 하양, 분홍이 어우러진 신랑 부케를 손에 들었다. 러시아, 중국, 아프리카의 신문들이 두 사람의 키스 장면을 보도했다. 하인츠와 라인하르트는 호적 사무소에서 반지를 교환한 독일 최초의 남남 커플이다. 두 사람은 13년 전부터 함께 살았다. 이제 하인츠는 48세이고 라인하르트는 40세이다.

이날 자정에 '생활동반지관계'에 관한 법이 발효되었다. 연방의회는 2000년 11월에 당시 집권당이었던 사민당SPD과 녹색당의 동의를 얻어 이 법을 제정했다. 생활동반자관계는 같은 성별의 두 사람만이 맺을 수 있다. 이들은 혼인과 마찬가지로 평생을 전제로 하고 혼인한 부부와 똑같이 서로에 대한 책임을 가진다. 이제 하인츠와 라인하르트는 함께 삶을 꾸려나갈 의무가 있고 서로의 생계를 책임져야 한다. 서로의 재산을 상속받기도 한다.

9시에는 베를린에서 군드룬과 앙겔리카가 새 법에 따라 혼인 서약을 했다. 독일 최초의 여여 커플로서. 함부르크에서는 남자 24명, 여자 6명이 합동결혼식을 올렸고 다른 도시에서도 호적 사무소가 특별 연장 근무를 했다.

뮌헨에서도 사람들이 결혼 예복을 입고 시청으로 왔다. 그러나 그들의 손에는 부케 대신 피켓이 들렸다. "모두가 되는데, 우리만 안 된다!" 바이에른 주는 동성 커플을 위한 호적 사무소를 열지 않았다. 바이에른 주, 작센 주, 튀링겐 주가 연합하여 생활동반자관계에 반대하는 헌법 소원을 헌법재판소에 제출했기 때문이다. 혼인한 부부에게만 주어졌던 권리를 동성 커플에게도 허용한다면, 헌법에 명시된 '혼인의 특별한 보호'를 해치게 된다고 세 주정부는 주장했다. 게다가 헌법재판소는 당시 뉘른베르크의 클라우스와 마르틴에게 혼인한 부부의 권리를 인정하지 않았다. 이제 헌법재판소는 새로운 생활동반자관계에 대해 뭐라고 말할까?

연방의회는 혼인을 없애지 않았기 때문에 혼인에 대한 제도적 보장을 어긴 게 아니다. 남자와 여자의 혼인은 계속 존재한다. 또한 혼인의 자유 역시 제한되지 않는다. 지금까지 혼인이 허용된 사람들은 여전히 자유롭게 혼인할 수 있다.

그러나 헌법은 혼인의 '특별한 보호'를 명시함으로써, 국가가 혼인을 해쳐선 안 되고 더 나아가 혼인을 독려해야 한다고 말한다. 이것이 정확히 무엇을 뜻하느냐에 모든 것이 달린 걸까?

명확한 것은, 혼인을 하려면 어떤 조건을 갖춰야 하는지 헷갈리도록 이 일을 규정해선 안 된다는 것이다. 국가는 혼인하지 않은 커플보다 혼인한 부부에게 더 많은 세금을 요구하면 안 된다. 혼인보다 더 매력적인 '경쟁 상품'을 제공해서도 안 된다. 예를 들어 똑같은 세금 혜택을 누리면서 부양의 책임은 지지 않는 동거 커플 같은. 반대로 국가는 기혼자를 미혼자보다 우대할 수 있다. 국가는 혼인한 부부에게 세금 혜택을 줄 수 있다. 인공수정 비용을 혼인한 부부에게만 보험 처리해 주도록 규정할 수 있다.

그러나 생활동반자관계는 동성인 두 사람이 구성하고 게다가 그들은 혼인할 수 없다. 이것 때문에라도 그들은 혼인한 부부를 능가할 수 없다. 또한 생활동반자관계는 혼인한 부부보다 누릴 수 있는 권리가 더 적다.

그러나 생활동반자관계에 비판적인 세 연방 주는 혼인의 '특별한 보호'를 고집했다. 다른 생활 형식이 근접하지 못할 때 비로소 혼인의 '특별한 보호'가 보장된다고 주장했다. 그렇다면 다른 모든 법적 동거 형식과 혼인의 거리를 멀리 떨어트려 놓아야 할까?

헌법 제6조 1항이 발의되었을 때 다양한 버전이 있었다. 어떨 땐 혼인이 '헌법의 보호 아래에' 있어야 했고, 어떨 땐 '특별한 보호 아래에' 있어야 했다. 당시의 기록을 보면 혼인의 보호를 강화할지 약화할지에 대해서는 전혀 다루지 않고 오히려 무엇이 더 듣기 좋은지에만 신경 썼음을 알 수 있다. 중요한 법조항이라 문체가 중요했다. 내용 면에서는 이견이 없었다. 두 표현 모두 의미가 같았다. 헌법의 최고 조항인 인간의 존엄성조차도 '특별히' 보호되지 않고 그냥 '보호'된다. 혼인이 인간의 존엄성보다 더 큰 보호를 받아선 안 되는 게 확실했다.

그래서 헌법재판소는 이렇게 판결했다. 생활동반자관계 비판자는 '특별'이라는 낱말에 너무 많은 의미를 둔다. 국가는 혼인을 보호해야 한다. 그렇다고 법적인 다른 동거 형식을 불리하게 할 필요도 없다. 생활동반자관계는 헌법에 위배되지 않는다.

클라우스와 마르틴이 1992년에 공식적으로 허락받지 못했던 호적 등록을 하인츠와 라인하르트는 2001년에 해냈다. 헌법 제6조를 9년 사이에 바꾸지 않고도, '혼인'의 개념 정의를 바꾸지 않고도, 두 사람은 헌법을 지킬 수 있었다.

어떻게 이것이 가능할까? 두 결정이 나란히 보여 준다. 국가는 동성 커플을 위해, 혼인한 부부에게만 부여했던 권리를 보장하는 새로운 법적 동거 형식을 꼭 고안할 필요가 없었다. 그러나 국가는 그것을 해도 되었다. 그것은 헌법이 남긴 정치적 여지다. 이 여지는 선출된 의원들이 채운다. 헌법재판소는 이 여지가 제한 범위를 벗어나는지만 점검할 수 있다.

이런 역할 분담이 어떻게 진행되는지 이리스와 클라우디아의 사례가 보여 준다. 2004년에 이리스는 불가리아 아이를 입양했다. 아이는 네 살이었고 출생 직후부터 그녀는 아이 곁에 살았다. 2005년 가을에 이리스는 클라우디아와 생활동반자관계에 등록했다. 세 사람은 독일의 한 집에서 같이 살았다. 엄마, 엄마, 아이로. 클라우디아는 법적으로 아이의 두 번째 엄마가 되어 이리스의 입양을 승계하고자 했다.

그러나 당시 이런 '승계 입양'은 혼인한 부부에게만 허락되었다. 아내가 먼저 한 아이를 입양하면 남편이 뒤이어 이 아이를 입양할 수 있는 제도다. 그러면 혼인한 두 사람은 아이의 법적 부모가 된다. 이를 거부당한 클라우디아는 헌법재판소에서 어머니가 될 수 있는 자신의 동등한 권리를 위해 싸웠다.

국가는 이 문제에서 이리스와 클라우디아를 혼인한 부부와 다르게 대해도 될까? 둘은 헌법 제3조를 근거로 했다. 국가는 구체적이고 객관적인 이유가 있을 때를 제외하고 모든 사람을 똑같이 대해야 한다.

어떤 이들은 구체적이고 객관적인 이유로, 아이가 자아를 실현하려면 아버지와 어머니가 필요하다고 말한다. 어떤 이들은 부모가 어떤 성을 가졌느냐가 아니라 아이를 얼마나 사랑으로 보살피고 보호하느냐가 중요하다고 대적한다. 또 어떤 이들은 심지어 동성 부모가 아이에게 최선이라고 확신한다.

헌법재판소는 심리학자, 의사, 심리 치료사, 청소년 보호사 등 전문가들의 조언을 들었다. 모두가 학문적 지식을 토대로 함에도 그들 사이에 의견이 분분했다. 세계 여러 곳에서 이 문제에 대한 연구가 진행된다. 그러나 헌법재판소는 지금 당장 판결해야 한다. 어떻게 해야 할까?

헌법재판소는 '누가 더 나은 부모인가'를 따지지 않아도 되는 해결책을 찾았다. 이리스와 클라우디아의 사례는, 아이들이 동성 커플의 가정에서도 이렇게 혹은 저렇게 자란다는 것을 보여 주기 때문이다. 어머니가 아이를 자신의 여자 친구와 함께 기르는 것을, 혹은 아버지가 아이를 자신의 남자 친구와 함께 기르는 것을 아무도 막을 수 없다. 누가 누구와 아이를 키우느냐는 혼인 증서가 있느냐 생활동반자관계냐 혹은 둘 다 아니냐와 상관없다. 파트너가 아이를 입양할 수 있느냐는 더더욱 상관없다.

설령 두 여자 밑에서 성장하는 것이 아이에게 좋지 않더라도 국가는 클라우디아에게 아이 입양을 금지함으로써 이 위험을 없앨 수는 없다. 그럼에도 위험은 여전하기 때문이다. 금지는 적합한 방법이 아닐 터이다. 그리고 목적을 달성할 수 없는 금지는 정당하지도 않다. 우리는 그것을 이 책의 첫 번째 장에서 이미 확인했다. 그러므로 이리스와 클라우디아의 사례에서 '누가 더 나은 부모'인가에 대한 토론은 법적으로 중요하지 않다.

그렇다면 혼인의 '특별한 보호'는 어떨까? 이것이 이리스와 클라우디아가 혼인한 부부와 다르게 대우받아도 되는 구체적이고 객관적인 근거가 될 수 있을까? 혼인과 생활동반자관계는 사과와 배처럼 전혀 다른 것이라고 대부분의 사람들이 말한다. 사과로 배술을 담글 수 없고 배로 사과 파이를 만들 수 없다면서.

맞는 말이다. 하지만 사과와 배의 공통점도 있다. 이를테면 둘 다 과일이다. 둘 다 나무에 열리고 정원에서 자라고 어디서나 비슷한 가격에 판매된다. 둘은 비슷한 영양소와 비타민을 함유한다. 둘 다 가방에 넣고 다니며 길에서 먹기 좋다. 학교에 가져가는 간식으로 배는 안 되고 사과만 되는 근거는 없다. 간식으로 본다면, 사과나 배나 별반 차이가 없다.

헌법재판소 역시 이런 관점에서 혼인과 생활동반자관계를 보았다. 둘 다 장기적인 관계이다. 둘 다 함께 살며 서로를 책임질 의무가 있다. 둘 다 아이를 위한 든든한 울타리를 제공한다. 아이가 혼인한 부부 밑에서는 살아도 되고 생활동반자관계 밑에서 살아서는 안 되는 근거가 없다. 아이를 위한 보금자리로 본다면 혼인이나 생활동반자관계나 별반 차이가 없다. 혼인의 비교 대상은 생활동반자관계가 아니라 든든한 울타리를 제공하지 못하는 불안정한 부부이다.

그러므로 클라우디아는 아이를 승계 입양해도 된다. 아이는 공식적으로 두 어머니를 가질 수 있다.

혼인의 '특별한 보호', 사과와 배의 구별은 다른 생활 형식에 불이익을 주기 위한 총체적 주장이 아니다. 배술과 사과 파이에 관한 일인지 아니면 큰 차이가 없는 일인지 늘 확인해야 한다.

차별의 타당한 근거로는 가족수당, 공공서비스에서 사회적 약자 보호, 상속세, 증여세 등이 있다. 2013년에 헌법재판소는 혼인한 부부에게 세금 분할 혜택을 주면서 생활동반자 관계에는 주지 않을 근거가 없다고 판결했다. 이 주장은 공동입양에도 적용된다.

의회와 헌법재판소는 이 문제에 관해 계속해서 공을 주고받는다. 의회는 혼인한 부부와 유사한 의무를 동성 커플에게 지우는 새로운 생활 형식을 마련하는 결정에서 자유롭다. 그들은 판매할 과일을 배열할 때 사과 옆에 배를 둘지 말지 선택할 자유가 있기 때문이다. 의회는 둘을 나란히 두기로 결정한 이상 이제 의무뿐 아니라 권리도 똑같이 보장해야 한다. 사과와 배가 나란히 진열된다면 똑같은 대우를 받아야 마땅하다. 의회는 처음에 어느 방향으로 갈지 선택할 자유가 있다. 그러나 일단 선택했으면 그 길을 계속해서 끝까지 가야 한다.

이제 셋이서 결혼을 하고자 하는 마르크, 마누엘라, 안드레아에게로 돌아가 보자. 이들의 사례는 법정에 서지 않았다. 세 사람은 동성 커플에게 혼인을 허락하는 것에 반대하는 사람들, '모두를 위한 혼인'에 반대하는 사람들의 사고실험에서 나왔다. 그들의 주장에 따르면 집단 혼인을 허락하는 순간 형제자매, 친구, 셰어하우스 거주자, 동료, 이웃 등 서로를 책임지려는 온갖 사람들이 몰려와 자기들을 위한 새로운 법적 생활 형식을 만들어 달라 요청할 거란다. 그러면 우리는 이들의 요청을 거절할 수 없을 터이고 그렇게 전통의 둑이 무너지고 말 거라고.

이런 문제 제기가 종종 현실성이 없다고 무시된다. 그러나 사회가 고령화될수록 우리는 점점 더 외로워지고 도움이 필요해진다. 여럿이 서로 돌보며 함께 사는 새로운 생활 형식에 대한 요구도 점점 더 현실화된다. 안드레아, 마르크, 마누엘라 세 사람의 혼인은 사고실험에 머물지 않을 터이다.

그러므로 '이런 요구가 정말로 생길까'를 묻지 말고, '이런 요구가 생기면 문제일까'를 물어야 한다.

셰어하우스 거주자를 가족으로 인정하는 일이 정말로 둑을 무너뜨리는 무서운 일일까? 세 사람이 혼인할 수 있으면 그들에게도 세금 혜택을 주어야 할까? 이것이 생활동반자관계의 발달 과정에서 얻은 가르침이다. 셋이서 아이를 공동 입양할 수 있는지가 벌써 의심스럽다. 양육의 법적 대리자를 두 명으로 제한하는 행정적 이유에 대해 우리는 앞 장에서 이미 확인했다. 이 문제에 관한 한 우리는 정말로 사과 파이와 배술을 생각해야 할지 모른다.

더 중요한 두 번째 가르침이 있다. 국가는 혼인 이외의 생활공동체를 꾸리려는 모든 사람을 위한 법적 생활 형식을 마련할 의무가 없다. 국가는 마누엘라, 마르크, 안드레아뿐 아니라 다른 생활공동체에게도 법적인 축복을 반드시 주어야 하는 건 아니다. 다만 국가는 그것을 허락할 수 있다. 국가는 선출된 의원들을 통해 시대의 징표에 따라 둑을 어느 정도 열지 스스로 결정한다.

어머니와 아버지 각각 한 명, 어머니 두 명 혹은 세 사람이 사는 셰어하우스. 아이가 어디서 자랄지는 국가가 정할 수 없다. 국가는 부모의 양육 방식 또한 통제할 수 없다. 그렇다면 학부모와 학교가 다투면 어떻게 될까? 다음 장에서 중재에 나서 보자.

Chapter 3.

내 아이가 학교에서 무엇을 배울지 누가 결정하는가?

학교에서의 성교육

부엉이 한 마리가 하늘을 날며 부리부리한 눈으로 정면을 응시한다. 부리에는 쥐 한 마리가 물려 있다. 클라라의 5학년 생물 교과서 《동물 제1권》의 표지 사진이다.

클라라는 현재 만 10세이고 김나지움Gymnasium[4]에 갓 입학했다. 클라라의 부모는 새 교과서들 중에서 부엉이 사진이 있는 이 책을 펼쳤다. 32a 단원의 제목이 '포유동물의 생식'이다. 그리고 '그림 32a/2'는 동물의 짝짓기 장면을 보여 준다. 수컷 말이 암말을 올라탄 장면. 부모는 의미심장한 표정으로

---

4. 독일의 전통적 중등 교육 기관. 수업 연한은 9년으로, 16세기 초에는 고전적 교양을 목적으로 한 학교였으나 19세기 초부터 대학 준비 교육 기관이 되었다.

책장을 계속 넘겼다. 8b 단원의 제목은 '아기'이고, 소제목 '성교와 수정' 밑에는 이렇게 적혀 있다. "남자가 발기된 성기를 여자의 생식기 안에 넣고 사정한다. 이때 정자가 전달되는 과정을 성교라고 부른다."

클라라의 부모는 아이가 이런 걸 배우기에 아직 너무 어리다고 생각한다. 그들은 동물의 암수, 남자와 여자에 대해 나중에 직접 설명해 주고 싶었다. 그들은 '발기된 성기'에 대한 수업에서 딸을 제외해 달라고 학교에 요구했다. 그러나 학교는 클라라가 생물 수업을 반드시 들어야 한다고 답변했다. 부모는 너무 늦기 전에 일을 해결하기 위해 법원에 긴급 소송을 신청했다. 5학년 생물 수업 시간에 《동물 제1권》 교과서로 진행하는 성교육을 즉시 중단시켜 달라고 요청한 것이다.

슈투트가르트 시내에 수천 명의 사람들이 모여 피켓 시위를 벌였다. "4학년부터 성 계몽이 웬 말이냐?" "성의 세계로 우리 아이들을 밀어 넣지 마라." "아이들을 보호하라!" 시위대는 메가폰에 대고 구호를 외쳤다.

시위에 반대하는 집단이 시위대를 향해 행진하며 길을 막았다. 마스크로 얼굴을 가린 경찰이 곤봉을 꺼내 들었다. "아이들에게는 당신들이 더 위험하다!" 반대 시위대가 북과 호루라기 소음 사이로 맞받아 구호를 외쳤다. 토마토나 물감 봉지를 던지는 사람들도 있었다. 경찰 수백 명이 두 시위대 사이에 인간 사슬을 만들어 충돌을 막았다. 곤봉이 하늘을 갈랐고 사람들이 바닥에 쓰러졌다.

한 이야기처럼 보이지만 이것은 두 가지 이야기다. 두 사건은 같은 주에서 벌어졌지만 각각 시기가 달랐다. 클라라 이야기는 1974년 8월 김나지움 등교 첫날에 있었다. 그리고 40년 뒤인 2014년과 2015년에, 슈투트가르트에서 시위하던 사람들이 낙엽처럼 바닥에 쓰러졌다. 이때 클라라는 벌써 50세였다.

그러나 이것은 한 이야기이기도 하다. 클라라의 부모가 《동물 제1권》을 펼쳤을 때, 독일 학교는 성교육을 막 도입했다. 6학년 아이들은 인간의 생식에 관한 생물학적 기본 지식(성교, 임신, 출산), 사춘기의 신체적 · 정신적 변화, 생리와 몽정에 대해 배워야 한다. 10학년을 마칠 때까지 동성애, 강간, 낙태, 매춘, 성병의 전염, 성범죄 같은 주제와 그 외에 '변태 성욕과 관련된 윤리적 · 법적 · 사회적 문제'까지도 공부한다. 성교육은 생물 시간뿐 아니라 적합한 모든 과목에서 진행되어야 했다.

40년 뒤 경찰 곤봉이 슈투트가르트에 투입되었을 때, '교육정책 개혁안'이라는 주정부의 공문서가 학교에 전달되었다. 교육정책 개혁안에 따르면, 앞으로는 동성애 같은 성적 지향의 다양성도 학교에서 다뤄야 한다. 생물 시간뿐 아니라 적합한 모든 과목에서.

두 사례 모두에서 부모는 학교의 교육 방침에 반대한다. 클라라의 부모는 헌법재판소까지 갔다. 그때까지 모든 법원에서 패소했기 때문이다.

헌법 제6조 2항은 자녀의 양육과 교육을 "부모의 자연적 권리이자 일차적으로 그들이 수행해야 할 의무"로 명시한다. 그러나 "그들의 역할 수행에 관하여는 국가가 감시한다"고 덧붙인다. 바로 이어서 헌법 제7조가 말한다. "학교 기관 전체가 국가의 감독을 받는다." 그렇다면 성교육은 '누구'의 소관일까? 부모일까 국가일까?

헌법에서 부모의 양육 및 교육권과 국가의 감시감독권은 똑같은 지위에 있다. 교육은 부모와 국가의 공동 과제이고 둘은 상호 보완한다. 부모는 아이들이 학교에서 배우는 내용에 대해 아이들과 대화한다. 학교는 부모의 요구와 피드백을 존중한다.

그러나 만약 부모와 국가가 교육에 대해 서로 다른 목표를 추구한다면 어떻게 될까?

슈투트가르트에서 벌어진 두 사건의 중간 시점인 1995년에 독일 문화부는 맞춤법 개정을 결정했다. 앞으로 강은 Fluß가 아니라 Fluss로, 조언은 Tip이 아니라 Tipp으로, 줄기는 Stengel이 아니라 Stängel로 표기해야 한다. 항해라는 낱말을 칠판에 적을 때는 'Schifffahrt'라고 'f' 세 개를 모두 써야 한다.

이때도 부모들은 긴급 소송을 요청했다. 아이들에게 새로운 맞춤법을 단 하루도 가르쳐선 안 된다고. 그들은 맞춤법 개정을 터무니없는 일이라 여겼을 뿐 아니라 행동으로 저항했다. 또한 맞춤법 개정이 부모와 학교의 상호 보완을 가로막는다고 주장했다. 맞춤법이 바뀌면 앞으로 부모는 아이들의 숙제를 봐줄 수도 없고 아이의 질문에 답해 줄 수도 없기 때문이다. 또한 책장에 꽂힌 어떤 책도 아이에게 추천할 수가 없게 된다.

국가의 교육권과 부모의 교육권을 똑같이 존중하기 위한 현실적인 해결책은 아이들이 새 맞춤법과 옛날 맞춤법을 모두 배우는 것이다. 하나는 학교에서 다른 하나는 가정에서. 부모는 선생님과 다른 견해를 말할 자유가 있다. 부모는 학교가 권하는 것과 다른 책을 아이에게 읽힐 수 있다. 물론 아이들은 약간 혼란스러울 것이다. 그러나 이것은 인생에 대한 공부일 수 있다. 아이들은 살면서 절대적인 진실이 거의 없고 다양한 사람들이 다양한 견해를 말하는 상황을 자주 직면하게 될 터이고 결국 스스로 결정해야 할 테니 말이다.

헌법재판소는 이처럼 실용적인 관점에서 이 문제를 보았다. 학교와 부모의 견해가 꼭 일치해야 하는 건 아니다. 각자 자신의 교육목표를 추구하면 된다. 헌법재판소는 맞춤법을 '가치판단이 필요 없는 단순한 지식 전달'로 보고 이것이 부모의 교육계획을 심각하게 훼손하지 않는다고 판결했다. 그러므로 이것을 제한할 법률이 따로 필요치 않다. 비록 민주주의에는 국민의 의견을 최대한 반영하기 위해 모든 중대사를 선출된 의원들이 규정하게 함으로써 기본권의 제한을 법률에 위임하는 '법률 유보의 원칙'이 있더라도 말이다. 중대사를 한 관청, 위원회 혹은 회의(문화부회의 같은)에 맡겨선 안 된다. 그러나 맞춤법은 교육에서 중대사가 아니다. 그것은 도덕, 세계관, 종교와 무관하다.

이 해결책이 성교육 사례에도 적용될 수 있을까? 부분적으로는 그렇다. 성교육 역시 부분적으로는 '가치판단이 필요 없는 지식 전달'에 해당한다. 성별, 행동 양식, 사회구조, 도덕이 서로 연관되어 있더라도 기본 자료는 순전한 생물학적인 사실이다. 그러나 가치관, 양심, 관습의 잣대를 발견하고 자신의 고유한 성을 발달시키는 진정한 성교육은 생물학과 다르다.

생물학과 성교육이 항상 간단하고 명확하게 분리되는 건 아니다. 그러나 예를 들어 "정자의 전달 과정을 성교라고 부른다" 같은 문장은 지식 전달 그 이상이 아니다. 맞춤법에 적용된 원칙이 클라라의 부모가 생물 교과서에서 읽은 것에 똑같이 적용된다. 아이가 언제 무엇을 배울지는 국가가 결정한다. 아이들이 학교에서 몇 학년부터 섹스란 단어에 대해 듣고 그 낱말의 표기법을 배울지는 국가가 결정한다. 부모는 설령 다른 견해를 가졌더라도 이것을 감내해야 한다.

그러나 '가치판단이 필요 없는 지식 전달'이 아니라면? 단순한 내용 전달이 아니라 도덕, 세계관, 종교에 관한 일이면 어떤 원칙이 적용될까?

클라라의 부모가 생물 교과서를 넘겨보기 몇 년 전인 1970년에 이미 이 질문이 헤센 주 남부에서 제기되었다. 아이헨도르프 학교는 정면이 붉은 벽돌인 긴 콘크리트 상자처럼 생겼다. 학교 뒤에는 오덴발트 숲이 펼쳐져 있다. 3학년 B반 담임은 가톨릭 종교 수업을 담당하는데, 매일 아침 반 학생들과 이곳 숲에서 기도를 올린다. 종교와 상관없이 모든 학생들과 함께. 다른 반도 그렇게 1교시를 시작한다.

아이가 학교에서 매일 아침 기도하는 것을 원치 않는 학부모가 있었다. 그들은 종교가 없었고 아이가 종교적인 상황에 노출되는 것이 싫었다. 그래서 교육청에 항의했고, 학교 교장은 그 교사를 불러 3학년 B반의 아침기도를 중단하라고 지시했다. 그러자 이제 다른 학부모들이 반대했다. 그들은 아이를 종교적으로 교육하기 바랐으므로 아침기도를 계속하라고 학교에 요구했다.

비록 교육계획에 속하지 않더라도 학교의 아침기도는 학교의 일이다. 국가의 동의 아래 학교에서 일어나는 모든 일에 국가는 책임을 져야 한다. 아침기도는 '가치판단이 필요 없는 지식 전달'이 아니다. 그것은 '신이 존재하고 신이 인간의 기도를 들을 수 있다'는 종교적 믿음을 전달하는 종교적 행위다. 이것은 부모의 교육권을 깊이 침해한다. 맞춤법과 달리 부모의 교육계획을 훼손시킬 수 있다.

또한 이 사례는, 부모와 학교뿐 아니라 부모들 사이에도 교육관이 서로 다를 수 있음을 보여 준다. 모든 교육관의 동등한 지위를 인정하는 것으로 이런 갈등이 해소될까?

놀랍게도 그렇다. 학교가 아침기도를 허가하느냐 마느냐는 헌법이 보장하는 재량권에 속한다. 학교 행정, 학교운영위원회, 교사, 학생, 학부모의 요구에 따라 아침기도를 시작할 수 있다. 아침기도 요구를 수락하느냐는 전적으로 학교에 달렸다. 학부모는 학교의 결정을 따라야 한다. 학부모는 아침기도를 도입하라고 학교에 강요할 수 없고 마찬가지로 이미 결정한 아침기도를 폐지하라고 강요할 수도 없다.

그러나 학교 차원의 아침기도는 부모의 교육권을 깊이 침해할 수 있기 때문에 맞춤법과는 다르게 취급되어야 한다. 국가는 학부모에게, 학교에서 하는 아침기도가 잘못된 일이니 집에서 따로 가르치라고 지시할 수 없다.

그러므로 맞춤법 사례와 달리 아침기도는 아이들에게 선택권을 주어야 한다. 학부모는 아침기도를 폐지할 수 없지만 아이가 기도에 빠지게 할 수는 있다. 학부모는 아침기도가 끝나는 시간에 맞춰 아이를 조금 늦게 등교시켜도 된다. 혹은 기도가 진행되는 동안 다른 곳에 있어도 된다. 아침기도는 이렇게 선택권을 주는 방식으로 해결할 수 있지만 교실에 십자가를 걸어두는 경우는 다르다. 그래서 헌법재판소는 1995년, 교실에 십자가를 걸어두는 것은 헌법에 위배된다고 판결했다.

물론 선택권을 주는 해결책이 아이들 간의 차이와 학부모의 교육원칙 차이를 부각시킬 수 있다. 이를테면 미하엘은 기도에 참여하지 않는다. 카리나는 기도를 위해 일부러 일찍 학교에 온다. 학부모 사이에 혹은 학부모와 교사 사이에 있는 갈등을 아이가 견디는 것은 아주 버거운 일일 수 있다. 그러나 바로 이것이, 다양한 세계관이 존재하고 이런 세계관들이 공존할 수 있음을 아이에게 가르쳐 준다. 아이와 학부모 모두 자신이 다른 사람들과 다르다는 것을 감내해야 한다.

그래서 헌법재판소는 담임교사가 반 학생들과 아침기도를 해도 된다고 판결했다. 단, 교사는 종교적 세계관을 선전해선 안 된다. 적어도 종교 수업 시간 이외에는 안 된다. 다른 세계관도 있다는 것을 명확히 해야 한다. 아침기도에 참여할지 말지는 각자의 선택에 달렸다.

그러니까 학교가 모범을 보여 학생들에게 가르쳐야 하는 것이 바로 관용이다. 다양한 세계관과 생활양식이 있음을 일깨워 주어야 한다. 학교는 학생들이 인내와 상호존중을 배움으로써 이런 다양성을 인정하고 감내하도록 교육해야 한다. 학부모의 교육 원칙도 이것과 동일할 때가 많다.

1970년대 당시 헤센 주 남부에서는 이것 때문에 시끄럽지 않았다. 그러나 헌법재판소는 앞으로 늘 이렇게 조용하진 않을 것임을 감지했다. 학교가 관용의 분위기를 만드는 데 실패하면 어떻게 될까? 갈등이 격해지면? 어떤 아이가 그것 때문에 왕따를 당하거나 구타를 당한다면? 학교의 평화가 위협을 받으면? 그럴 경우 예외적으로 논란이 되는 일을(여기서는 아침기도) 포기하는 방법밖에는 없다고, 헌법재판소는 판결했다. 2011년에 연방행정법원이 이와 비슷한 근거로 베를린 학생들에게 학교 복도에서 이슬람교 기도를 올리는 것을 금지했다. 복도에서 올리는 기도가 학교에 과격한 종교 갈등을 일으켰고 그것이 학교 평화를 위협했기 때문이다.

슈투트가르트 시내의 곤봉으로, 학교의 성교육으로 돌아가 보자. 여기서는 '가치판단이 필요 없는 지식 전달'이라는 경계가 쉽게 무너질 수 있다. 어휘 선택 혹은 목소리 톤에서 벌써 경계가 무너질 수 있다. 동성애를 자연의 장난으로 설명하느냐 혹은 전통적인 혼인과 가족관의 이탈로 설명하느냐 사이에 세계관이 있다. 여기서 진짜 성교육이 시작된다. 그것은 어쩌면 학교의 종교적 활동보다 더 심하게 부모의 교육권을 침해할 수 있다. 아이들은 가정생활의 전체 현실을 가족과 함께 겪는다. 출생, 죽음, 동반, 이별 등을 같이 경험할 수 있다. 아이들은 대부분 가정에서 처음으로 자신의 고유한 성을 경험한다. 전통적인 '계몽'이 집의 안전한 분위기에서 이루어진다. 아이들이 학교에서 다른 세계관을 배워 오면 그것이 가정의 공동생활에 막대한 영향을 미친다.

그러므로 헌법재판소는 맞춤법과 달리 성교육을 중대사로 보고 학교에서 성교육을 할지는 의회가 법률로 정해야 한다고 판결했다. 문화부가 단독으로 결정해선 안 되는 것이다. 성교육에 어떤 내용이 들어가야 할지를 법률로 대략 정해 놓아야 한다.

그렇더라도 학교와 학부모의 세계관이 다르면 갈등은 여전하다. 이것은 어떻게 해소할 수 있을까? 여기에서도 각 견해들이 동등한 지위를 갖는다. 맞춤법과 아침기도의 사례처럼, 학부모에게는 학교의 일에 참견할 권한이 없다. 이것은 실용적인 사고에서 나온 결과다. 한 아이의 어머니와 아버지도 교육 원칙이 서로 다를 수 있기 때문이다. 학교가 모든 학부모의 모든 요구를 들어주기란 불가능하다. 그러므로 학교는 성교육에 관한 한 학교 방침을 따라야 한다.

아침기도에 적용했던 자유로운 선택권은 성교육에 적용될 수 없다. 적어도 성교육이 모든 과목과 연결되어 있는 한 자유로운 선택은 불가능하다. 부모의 교육 원칙에 반하는 내용이 다뤄질 때마다 학생들 각자가 계속 교실 밖으로 나가는 것은 실효성이 없다.

그럼에도 학부모와 학교는 서로 다른 가치관을 이용해

'공통된' 교육목표를 이룰 수 있다. 한편으로 학교는 학생들을 획일적으로 교육해선 안 된다. 특정 한 가지 성적 지향을 권하거나 혐오해선 안 된다. 종교 교육과 마찬가지로 학교는 신중하고 관용적인 태도를 보여야 하고 학생들에게 그것을 가르쳐야 한다. 성 영역에서도 다양한 가치관이 있다는 것을 명확히 해야 한다.

다른 한편으로, 학교는 학부모에게 의견을 제시할 기회를 주어야 한다. 학부모는 아이가 학교에서 배우는 것에 반응할 수 있어야 한다. 학부모는 성교육에 동참할 수 있어야 한다. 비판의 방식으로도 역시. 그러므로 학부모는 성교육의 내용과 교수 방법에 대해 제때 고지해 줄 것을 요구할 수 있다. 학부모와 학교가 서로에게 아무것도 강제할 수 없더라도 그들은 서로 합의해야 하고 비판과 지적을 들어야 하고 경험과 질문을 토론해야 한다. 1977년에 헌법재판소가 이미 클라라의 사례에서 이 규칙을 선언했고 이것은 오늘날에도 적용된다.

어쩌면 슈투트가르트의 소요는 이런 합의 과정의 일부일 것이다. 그러나 헌법재판소가 아침기도를 예외 상황으로 볼 수밖에 없는 일이 발생하면 어떻게 될까? 성교육에 대한 서로 다른 가치관이 학교 폭력으로 이어지면? 동성애나 성전환 같은 문제가 '당연히' 학교 평화를 깬다면? 학교는 교내 평화를 위해 모든 것을 중단해야 할까?

헌법재판소는 아침기도 판결에서 그 방법을 제안했다. 그러나 그것은 짧은 생각이었던 것 같다. 어쩌면 국가는 만약에 대비해 무장을 하고, 학교를 통해 가르치려 했던 관용과 개방성을 급할 때는 폭력으로라도 지켜내야 할 것이다. 슈투트가르트의 슐로스 광장에서처럼.

사회질서를 지키기 위해 국가는 어디까지 행동할 수 있을까? 다음의 두 장에서 그 경계를 측정해 보자.

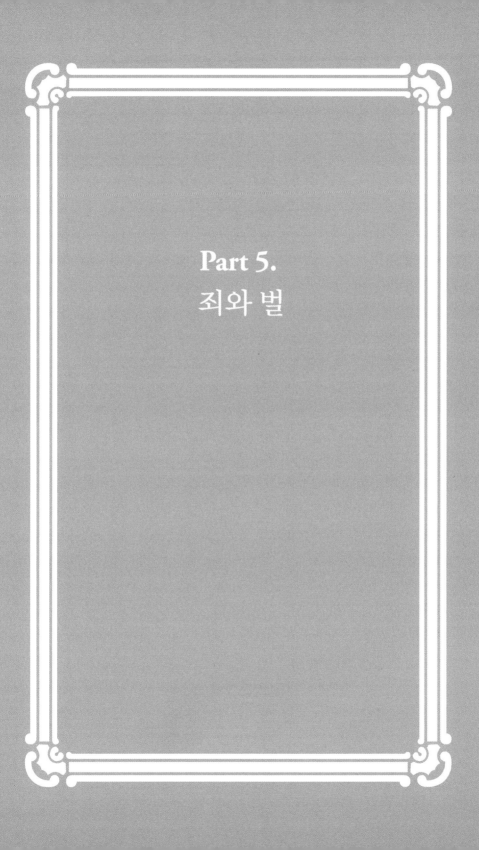

Part 5.
죄와 벌

Chapter 1

인간같지 않은 인간에게도 존엄성이 있는가?

구조를 위한 고문

빨리 못 찾으면 아이는 죽는다.

프랑크푸르트 경찰서장은 휴가 중이었기 때문에, 부서장이 총지휘를 맡아야 했다. 취조실에는 짧은 갈색 머리를 단정하게 빗어 넘긴 27세의 법대생이 앉아 있다. 그는 파란색 비닐 덧신을 신었고 위아래가 연결된 일회용 작업복을 입고 있다. 그의 옷과 신발을 경찰이 압수한 탓이다.

그는 이날 새벽 1시경에 전차 정류장에서 백만 유로를 찾아갔고, 경찰이 그것을 목격했다. 그 돈은 어느 은행가의 아들을 납치한 범인이 요구한 몸값이었다. 그러나 돈을 찾아간 범인은 아이를 풀어 주지 않았다. 해외여행을 가려던 법대생은 공항에서 체포되었다.

경찰은 몇 시간째 그를 취조 중이다. 그는 자기가 아는 두 형제가 납치범이라고 자백했다. 두 형제가 아이를 호숫가 오두막에 가두었다고 했다. 경찰은 즉시 형제의 집으로 출동하여 그들을 체포하고 호숫가 오두막과 그 주변을 수색했다. 수백 명이 몇 시간 동안 찾았지만 아이는 어디에서도 보이지 않았다.

같은 시간에 경찰은 법대생의 집도 수색했다. 몸값의 일부와 범행 계획 기록이 발견되었다. 아이가 어디에 있는지 법대생은 알고 있다고, 경찰은 확신했다.

날이 밝아 왔다. 부서장은 한숨도 자지 못했다.

빨리 못 찾으면 아이는 죽는다.

아이의 부모가 기다렸고 대중들이 집중했다. 모든 경찰이 분주하게 뛰어다녔다. 40년 경찰 생활 중 신경이 가장 팽팽해진 순간이었다. 부서장은 몇 시간 전에 어떤 일이 있었을지 생각하려 애썼다.

격투기 선수는 귀의 압박점을 안다. 그곳을 누르면 다칠 위험 없이 극심한 통증을 안길 수 있다. 부서장도 그것을 안다. 또한 손목을 꺾어 견딜 수 없을 만큼 끔찍한 고통을 주는 방법도 안다. 그리고 첩보 영화에 나오는 '진실의 묘약'이 실제로 있다는 것도 안다. 그것은 수면제에 들어가는 화학물질로, 인간의 의지를 마비시키고 혀를 부드럽게 한다.

부서장은 또한 법을 안다. 형사소송법 제136a조에는 다음과 같이 명시되어 있다. "가혹 행위, 혹사, 신체 침해, 투약, 학대, 기만 또는 최면에 의하여 피의자의 의사 결정 및 의사 표현의 자유를 침해하여서는 안 된다. 형사절차규정이 허용하는 경우에 한하여 강제 수단을 허용한다. 형사절차규정에서 허용하지 않는 처분을 수반한 협박과 법률로 규정하고 있지 않은 이익의 약속은 금지된다."

금지는 어쩌다 생긴 것이 아니다. 헌법 역시 제104조에 명시한다. "신체의 자유는 형식적 법률에 의해서만 그리고 거기에 규정된 방식을 준수하는 범위 하에서 제한될 수 있다. 구금된 자는 정신적으로나 육체적으로 학대되어서는 안 된다." 어떤 사람에게 뭔가를 강요하기 위해 정신적으로나 육체적으로나 의도적으로 고통을 가하는 행위는 고문이다. 고문은 국제적으로 경멸된다. 유럽 인권협약은 고문과 '비인간적이거나 모멸적인 형벌이나 취급'을 금지하는데, 이는 세계인권선언과 여타 협정 및 선언들도 마찬가지다. 거의 모든 문명 세계가 똑같다. 국가는 어떤 목적에서든 인간을 고문해선 안 된다. 예외란 없고 아주 약한 고문이라도 허락되지 않는다.

이 원칙의 경계를 넘어 본 사람은 거의 없다. 그리고 그것은 이론으로만 얘기되었다. 사회체계 이론가 니클라스 루만 Niklas Luhmann이 1992년에 하이델베르크에서 '포기할 수 없는 절대 규범이 아직 우리 사회에 존재할까?'라는 제목으로 아주 유명한 강연을 했다. 법학자이기도 한 루만은 예시를 하나 들었다. "여러분이 경찰 고위직에 있다고 가정해 보십시오. 머지않은 장래에 독일에서도 벌어질 수 있는 일인데, 여러분의 나라에 수많은 좌파 혹은 우파 테러리스트가 매일 살인과 방화를 일삼고 무고한 시민을 죽이고 다치게 한다고 가정해 봅시다. 그런 테러 조직의 수장이 체포되었고, 그를 고문하면 아마 열 명, 백 명, 천 명, 그 이상의 수많은 생명을 구할 수 있을 겁니다. 상황을 바꿀 수 있다면 여러분은 고문을 하시겠습니까?"

잠시 후 루만은 더 강한 예시를 들었다. 오늘날까지 토론이 되는 '시한폭탄 시나리오'를 제시한 것이다. 테러리스트가 핵폭탄을 가지고 있고, 그것을 빨리 발견하여 제거해야 하는 상황이다.

"고문을 하시겠습니까?" 그가 다시 청중들에게 물었다.

예시가 시한폭탄 시나리오로 강화되는 순간, 뭘 선택해도 잘못된 선택일 수밖에 없는 '결정이 불가능한' 상황이 된다. 루만은 이것을 '비극적 선택'이라고 불렀다.

행위만 보느냐 아니면 그 결과도 함께 보느냐에 따라 선택이 결정된다. 어떤 행위를 선악으로 판단하면 고문은 언제나 금지되어야 마땅하다. 이 원칙은 의무이고, '의무'를 뜻하는 그리스어 'deon'을 따서 우리는 이런 시각을 '의무론적 deontological 시각'이라고 한다. 반면 어떤 행위를 그것의 결과에 따라 선 혹은 악으로 판단할 수도 있다. 목적이 수단을 정당화할 수 있는 것이다. 이것이 '결과론적 시각'이다.

루만의 청중들 사이에 젊은 법학자 빈프리트 브루거 Winfried Brugger가 앉아 있었다. 그는 루만의 예시에서 영감을 얻었다. 어떤 조건 아래에서 금지의 예외가 가능할 수 있을지 깊이 고민했다. 우선 인간의 신체나 생명이 긴박한 위험에 있어야 한다. 그리고 정확히 한 사람이 이 위험을 없앨 수 있고 그것이 그의 의무여야 한다. 이 한 사람은 신원이 명확해야 한다. 고문이 신체와 생명을 구하는 유일한 방법이어야 한다. 브루거는 1996년에 이 명제를 발표했다.

대부분의 동료들이 신중한 침묵으로 그의 명제를 대했다. 무슨 말을 할 수 있겠는가. 어떻게 하든 잘못된 선택이라고, 루만이 이미 확인한 것을. 그 문제를 지금 여기서 대답할 이유는 없다. 비록 시한폭탄 시나리오가 이론이 어떻게 현실에서 한계에 부딪히는지 보여주지만, 그것 역시 이론적 예시였다. 현실에서 이런 조건 아래에서 테러리스트를 대면한 경찰은 지금까지 없었다. 이론을 의심하기 위해 현실을 이론화했을 뿐이다. 이것은 수백 년에 걸쳐 딜레마를 고민하는 학자들의 장난감이었다. 도덕 철학을 위한 전형적인 사고실험.

빨리 못 찾으면 아이는 죽는다.
부서장은 브루거의 명제를 알고 있었다. 그는 그것에 감

탄했었다. 그러나 취조실에서 사고실험을 할 여유는 없었다. 2002년 10월 1일 새벽, 시간이 흐르고 있었다.

부서장은 보고서에 이렇게 썼다.

"납치된 아이의 생명을 구하기 위해 나는,

- 먼저 법대생에게 고문의 위협을 고지하고

- 의사의 감독 하에 통증(상해가 아니다)을 가한 뒤

취조를 계속하라고 지시했다. 그것과 동시에 경찰 지도부로부터 '진실의 묘약'을 준비할 수 있는지 확인하라는 지시가 내려왔다. 범죄수사과장이 도덕적 문제를 제기했고 경찰은 다시 회의를 했고 …… 흩어졌다(8시)".

법대생의 어머니가 취조실로 왔지만 그녀 역시 아들에게서 도움이 될 만한 자백을 끌어내지 못했다. 이때 부서장이 범죄수사과장에게 지시했다. 곧 진행할 취조 방식을 피의자에게 고지하고 준비시키라고.

범죄수사과장이 취조실로 가서 법대생에게 전했다. 극심한 고통을 가하는 특별 고문 기술자가 헬리콥터를 타고 오는 중이라고. 그리고 머리 옆에 손가락을 대고 원을 그렸다. 몇 분 뒤 경찰은 필요한 정보를 얻었다. 아이가 죽었다는 충격적인 정보를.

법대생은 차로 한 시간 거리인 곳으로 경찰을 안내했다. 그는 파란색 덧신만 신은 발로 달려가 차단기 앞에서 걸음을 멈췄다. 작은 호수의 외나무다리 밑에서 아이의 시신이 발견되었다. 주변에서 법대생의 자동차 타이어 자국도 발견되었다. 취조실로 돌아오는 길에 그가 털어놓았다. "제가 아이를 납치해서 죽였습니다." 그가 말한 컨테이너에서 경찰은 아이의 가방, 옷, 교과서를 찾아냈다. 또한 그곳에는 납치범이 협박 편지를 썼던 타자기도 있었다. 다음날 부검 결과가 나왔다. 아이의 사망 원인은 질식이었다.

법대생, 부서장, 고문 사실로 위협한 범죄수사과장, 세 명은 각각 다른 시기에 같은 법정에 섰다. 프랑크푸르트 지방법원에.

먼저 법대생: 범죄를 저지른 자는 직접 자기 자신을 입증할 필요가 없다. 그는 침묵해도 되고 할 수 있는 한 거짓말을 해도 된다. 그러므로 법원은 우선 자동차에서의 자백과 지금까지의 모든 발언이 범죄의 증거가 될 수 없음을 명확히 했다. 법대생은 법정에서 다시 한 번 자신의 죄를 인정했고 2003년에 법원은 무기 자유형, 즉 무기징역을 선고했다. 나중에 유럽 인권법원은 경찰이 계획했던 취조 방식이 고문이었을 거라고 확신하고 그것을 '비인도적 행위'로 평가했다. 이에 따라 법대생은 손해배상금 3000유로를 받았다.

부서장과 범죄수사과장: 두 경찰이 기소된 것은 고문 때문이 아니다. 부서장은 협박을 지시했기 때문이고 범죄수사과장은 피의자를 협박했기 때문에 기소되었다.

경찰은 두 가지 임무를 담당한다. 범죄자 체포와 위험 방지. 두 임무는 각각 다른 규칙을 따르는 다른 과제이다. 그러나 두 임무가 늘 명확히 분리되는 건 아니다. 2002년 10월 1일 아침 경찰의 목표는 범인을 잡는 게 아니었다. 피의자에게 범죄 사실을 자백 받는 것도 아니었다. 경찰의 목표는 아이의 생명을 구하는 것이었다. 그것을 위해 경찰은 법대생에게 고문으로 협박해도 될까?

법정에서 격렬한 갑론을박이 오고 갔다. 사건이 다르게 전개되었다고 가정해 보자. 법대생이 몸값을 챙길 때 아이는 아직 살아 있고, 경찰이 법대생의 은신처를 찾아내 그를 체포하려 하자 그가 아이의 머리에 총을 대고 인질극을 벌인다. 범인을 제압할 만큼 근접한 경찰이 없다. 아이를 구출할 방법은 범인을 쏘는 것뿐이다.

이때 경찰은 범인을 죽여도 될까?

둘 중 하나는 죽을 수밖에 없는 상황이라면, 인질이 아니라 범인이 죽어야 한다. 그가 스스로 이 상황을 초래했기 때문이다. 헤센 주를 비롯한 거의 모든 연방 주에는 구조를 위한 의도적 사살을 경찰에게 허용하는 규정이 있다.

'의도적 사살'이란 윤색된 표현이다. 실제로 그것은 총살이나 마찬가지이기 때문이다. 독일에서 이 개념을 처음 사용한 것은 1970년대 초다. 1974년 함부르크에서 은행강도사건이 있었고 이때 처음으로 '의도적 사살'이 실행되었다. 이것은 핵폭탄을 가진 테러리스트처럼 사고실험이 아니다. 경찰이 직면한 실제 상황이었다.

아이를 구출하기 위해 경찰은 범인을 사살해도 된다. 그런데 아이를 구출하기 위해 범인에게 손목을 꺾겠다고 협박해선 안 된단 말인가? 쉽게 납득이 가지 않는다. 게다가 누군가를 아프게 하는 것 혹은 아프게 하겠다고 협박만 하는 것은 사살보다 훨씬 약한 행위인데 말이다.

차이가 무엇일까? 첫눈에 몇몇 차이점을 알 수 있다. 구조를 위한 의도적 사살에서는 범인이 명확하다. 그가 지금의 상황을 초래한 장본인임이 확실하다. 그러나 프랑크푸르트 납치 사건의 경우, 비록 법대생이 거의 확실하게 범인이더라도 아직 그는 피의자일 뿐이다. 또한 경찰은 구조를 위한 의도적 사살로 법대생에게 모든 것을 자백하도록 강제할 수 없다. 의도적 사살로는 그를 무해하게 할 수 있을 뿐이다.

그러나 결정적인 차이는 고문금지법이다. 그것은 인간의 존엄성과 관련이 있다. 인간의 존엄성은 헌법 제1조 1항이 보장한다. 인간의 존엄성은 언제나 좋은 주장이고 중요한 주장처럼 들린다. 인간의 존엄성은 정확히 어떤 효력을 내고 어떨 때 훼손될까?

이것은 설명하기가 아주 어렵지만, 인간의 존엄성을 보호하려면 최선을 다해 그것을 규정해야 한다. 헌법재판소는 오늘날에도 여전히 임마누엘 칸트의 철학을 참고한다. 칸트에 따르면 인간은 목적 그 자체다. "인간은 그 자체로 존엄하다." 그러므로 칸트는 어느 누구도 다른 사람을 '목적의 수단'으로 이용해서는 안 된다고 강조한다. 법학자들은 이것을 기반으로 '수단 공식'을 발달시켰다. 국가가 인간을 객체로 만들면, 즉 목적의 수단으로 만들면, 공구함에서 드라이버를 꺼내 쓰듯 맘대로 쓰면 그것이 곧 인간의 존엄성을 해치는 행위다.

고문을 하는 사람은 인간을 객체로 만든다. 그는 인간을 인간이 아니라 원하는 정보가 저장되어 있는 컴퓨터 하드디스크처럼 대한다. 그는 인간을 두려움과 고통의 화신으로 만든다. 과거 독일에서 이런 일이 벌어진 적이 있다. 헌법은 국가가 같은 잘못을 다시 저지르지 않도록 막고자 한다. 그래서 헌법은 제1조 1항에서 명확히 말한다. "인간의 존엄성은 훼손할 수 없다."

모두가 이 조항을 안다. 이것은 간단명료하면서 아주 당연한 것처럼 들린다. 우리는 지금까지 여러 사례에서 갈등을 해결하는 한 방법으로 저울질을 살펴봤다. 한쪽 접시에 무엇이 올려져 있고 다른 쪽 접시에는 무엇이 있는가? 우리는 껍질을 깐 삶은 달걀 두 개를 비좁은 유리컵에 밀어 넣는 비유로 이것을 설명했다. 달걀 두 개가 뭉개지지 않고 유리컵에 들어가려면 각각이 다른 달걀을 위해 딱 필요한 만큼만 자리를 양보해야 한다. 시한폭탄 시나리오가 이런 저울질을 제시한다. 약간의 통증 vs 수천 명의 목숨. 어떤 사람들은 '구조를 위한 사살'을 근거로 '구조를 위한 고문'을 긍정한다.

그러나 인간의 존엄성에서는 이 방법이 통하지 않는다. 인간의 존엄성은 껍질을 깐 삶은 달걀이 아니라 껍질이 있는 날달걀이기 때문이다. 약간만 압박을 가해도 깨지고 만다. 공간이 비좁더라도 이것은 다른 것을 위해 한 치도 양보할 수 없다. 인간의 존엄성은 그 무엇과도 저울질할 수 없다. 의무론적 관점과 결과론적 관점의 대결에서 보면, 인간의 존엄성은 의무론적 관점에서 결정해야 한다.

생명권은 헌법 제2조 2항에 비로소 등장한다. 생명에 관한 권리들은 법률 유보의 원칙에 따라 "법률에 기해서만 제한될 수 있다." 생명권은 다른 가치와 저울질될 수 있다. 생명권은 다른 법률에 따라 제한될 수 있다. 이것은 껍질을 깐 삶은 달걀이다.

말하자면 국가는 상황에 따라 어떤 사람의 목숨을 앗아갈 수 있지만, 그 사람의 존엄성은 절대 훼손해선 안 된다.

당연히 이런 관점에 대해 이의를 제기할 수 있다. 존엄성이 생명보다 중요할까? 존엄성도 생명이 있어야 가능한 것 아닌가? 인질범은 인질을 객체로 만들어 인질의 존엄성을 훼손하지 않나? 인간의 존엄성은 윤곽이 명확한가? 인간답지 않게 행동하는 인질범은 스스로 인간의 존엄성을 버리지 않았나?

이 모든 질문들은, 범인의 존엄성을 훼손할 수 없다는 이유로 결국 인질을 구하지 못하면 모두의 마음이 편치 않다는 걸 반영한다. 그러나 이 질문들은 또 다른 뭔가를 암시한다.

이 질문들은 국가를 범죄자와 같은 수준에 둔다. 범죄자가 존엄하지 않게 행동하기 때문에 국가가 범인의 존엄성을 더는 존중할 필요가 없다고 주장하는 것과 같다. 이런 '덫'에 걸리지 않는 것이 법치국가의 특징이다. 국가는 모든 인간을 인간으로 대한다. 설령 어떤 사람이 짐승으로 평가되더라도 마찬가지다. 법치국가는 범죄자보다 도덕적으로 우월하다. 이런 우월성을 유지하고자 한다면 우리는 국가가 때때로 무기력해 보이는 것을 감내해야 한다. 국가가 스스로 정한 규범 때문에 인질을 구출하지 못하는 경우가 생기는 것을 감수해야 한다.

프랑크푸르트 지방법원 역시 법대로 했다. 부서장과 범죄수사과장 모두에게 유죄를 선고했다. 그들의 취조 방식은 무엇으로도 정당화될 수 없었다. 이 사건은 시한폭탄 시나리오의 극단적인 상황과 거리가 멀다고, 법원은 판결했다. 아이가 있는 곳을 법대생이 알고 있다는 확증이 없기 때문에라도 이미 그렇다. 그리고 그를 취조하는 다른 가능성도 있었다. 예를 들어 납치된 아이의 형제들(그가 친하게 지냈던)을 보내 설득할 수도 있었다.

그럼에도 법원은 두 사람을 모두 처벌하는 것이 마음에 걸렸다. 형법이 제공할 수 있는 모든 정상참작 요건을 찾아냈다. 법원은 '경찰의 명예로운 신념'을 감안하여 비교적 낮게 형을 선고했다. 부서장에게는 벌금 10,800유로, 범죄수사과장에게는 3,600유로. 법원은 여기서 그치지 않고 형 집행을 '유예'했다. 공식적인 선고를 통해 경찰이 부당하게 행동했음을 드러내되 처벌을 집행하진 않았다. 법치국가는 원칙을 저버리지 않으면서 예외적 상황임을 감안해 줄 수 있다. 단, '경찰의 명예로운 신념'을 잘못 이해해선 안 된다. '명예로운 신념'은 경찰의 내적 위급함을 근거로 한다. 결코 '좋은 고문'과 '나쁜 고문'이 있다는 뜻은 아니다.

국가는 확증된 범죄자를 어떻게 처리해야 할까? 국가의 처벌 권리는 어디서 오는가? 그것에 대해 다음 장에서 살펴보자.

Chapter 2.

무엇이 정당한 형벌인가?

종신형

"이쪽이다!" 남자가 말한다. 그는 당신의 팔을 잡고 터널을 지나 강둑으로 간다. 몇 분 뒤에 당신은 거대한 철문 앞에 선다. 남자는 철문을 열고 당신에게 뒤쪽 방으로 가라고 지시한다. 방 한쪽 구석에 간이침대가 있다. 당신은 기운 없이 침대에 눕는다.

남자는 당신을 혼자 두고 밖에서 열쇠를 두 번 돌려 방문을 잠근다. 방문 아래쪽에 개폐식 뚜껑이 달린 배식구가 있다. 남자가 배식구 안으로 빵과 물을 넣어 준다. 당신이 소리를 지르고 악다구니를 써도 남자는 꿈쩍도 하지 않는다. 그가 당신의 소리를 들었는지 알 길이 없다. 당신은 계속 소리를 지른다. 언젠가 그가 다시 문을 열어 주길 고대하면서.

어느 날 당신은 문에 난 구멍으로 남자의 동태를 살핀다. 그는 엄지와 검지 사이로 열쇠를 거꾸로 들고 있다. 그가 엄지와 검지를 떼자 열쇠가 강으로 떨어졌고 강물이 열쇠를 삼켜 버렸다. 남자는 웃고, 웃고, 웃는다. 당신이 지금까지 들어본 적 없는 큰소리로.

이날 당신은 소리치기를 그만둔다. 한 자리에 굳은 듯 멍하니 앉아 있다. 날이 가고, 달이 가고, 해가 가고, 마침내 당신이 죽을 때까지.

기분 나쁜 밤에 슬며시 찾아오는 악몽의 한 장면 같다. 다니엘은 밝은 대낮에 상상 속에서 이와 거의 흡사한 장면을 보았다. 그는 법정의 피고인석에 앉았고 맞은편으로 창문이 보였다. 3월의 햇살이 그의 표정 하나하나를 비췄다. 배심원들의 회의가 진행 중이었다. 재판관 다섯 명이 다니엘의 삶을 결정할 터였다. 그는 살인죄를 저질렀고 형법에 따르면 살인자는 '무기 자유형'에 처한다.

이는 문을 잠그고 열쇠를 강물에 던지는 것과 같다. 국가는 어느 누구도 유폐시켜선 안 된다고, 다니엘은 생각했다. 그는 몇몇 배심원을 설득하는 데 성공했다. 재판관들이 헌법재판소에 물었다. 우리는 어떤 사람을 죽을 때까지 감옥에 감금해도 될까?

국가가 인간을 처벌할 수 있을까? 형벌론이 다양한 근거를 제시한다. 형벌론은 크게 둘로 나뉜다. 하나는 범죄자의 잘못에 초점을 둔다. 죄를 지었으면 죗값을 치러야 한다. 네가 내게 한 것처럼 나도 너에게 똑같이 갚아 준다. 눈에는 눈, 이에는 이. 철학자 칸트가 이 원칙의 대표자다. 그러나 형벌은 보복이 아니라 정산이다. 범죄자는 나쁜 짓을 했고 그에 대한 대가로 나쁜 일을 겪는다. 그것으로 정의가 다시 세워지고 범죄자는 법을 지키는 사람들 영역으로 돌아갈 수 있다. 그러므로 철학자 헤겔은 심지어 이렇게 주장했다. 범죄자는 형벌을 받을 권리가 있다.

또 하나는 사회에 초점을 둔다. 형벌은 사회를 보호한다. 사람들이 범죄를 저지르지 않도록 막는다. 그러니 형벌의 목적은 본보기로 겁을 줘서 범죄를 예방하는 것이다.

한편으로 이런 겁주기는 일반성을 추구한다. 우리는 이것을 '일반예방'이라고 부른다. 추리극에서 이것이 기능하는 방식을 확인할 수 있다. 대중은 범인이 처벌되기를 바라고 범인이 처벌되면 만족감을 얻는다. 범행을 계획했던 사람은 이런 메시지를 받는다. "그만 둬!" 실생활에서도 마찬가지다.

법철학자 안젤름 폰 포이어바흐Anselm von Feuerbach는 '심리 강제설'을 설명했다. '심리적 강제'가 모두에게 효력을 내는 건 아니다. 사람들은 살인이 처벌의 대상이라는 것을 알면서도 살인을 저지른다. 모든 범죄자는 각자의 상황에서 행동하고, 거의 모든 범죄자가 자신은 잡히지 않을 거라고 생각한다. 물론 그럼에도 형벌이 두려워 계획했던 범행을 그만두는 사람들이 충분히 많다.

다른 한편으로, 범죄자 스스로 다시 죄를 짓지 않으려 애써야 한다. 이것이 '특별예방'이다. 법학자 프란츠 폰 리스트Franz von Liszterklät는 형벌이 특별예방을 성취하는 세 가지 방법을 설명한다. 첫째, 범죄자를 사회에서 격리해 죄를 지을 가능성을 간단히 없앤다. 둘째, 유죄판결 자체가 범죄자에게 징벌이다. 셋째, 형벌은 범죄자를 교화한다. 형벌은 범죄자에게 앞으로 법을 지키며 살 수 있는 능력을 가르친다. 이것이 '재사회화 이념'이다.

형벌론은 같은 사건에서 다른 결과를 도출할 수 있다. 먼저 두 사례를 비교해 보자. 집에 촛불을 켜 두고 깜빡 하는 바람에 불이 났고 이웃 한 명이 사망했다. 혹은 이웃을 질투한 나머지 그를 죽이기 위해 고의로 집에 불을 냈다.

두 사례는 사회에 똑같은 결과를 낳았다. 사회 구성원 한 명을 죽였다. 고의적 살해든 과실치사든 사회는 사람이 죽는 것을 막고자 한다. 일반예방 차원에서 무게를 잰다면 사회는 두 행위를 똑같이 처벌해야 할 터이다.

그러나 엄연히 다른 두 잘못을 똑같이 처벌하는 것은 타당하지 못하다. 한 사건은 잠깐의 부주의에서 기인한 것으로 누구에게나 생길 수 있는 일상적인 상황에서 벌어졌다. 다른 한 사건은 계획에 따라 의도적으로 사람을 죽였으므로 훨씬 더 큰 죄이다. 과실과 죄의 관점에서 형벌이 다르게 내려져야 마땅하리라.

　이제 어떤 사람이 연속해서 집에 불을 냈다고 가정해 보자. 특별예방 차원에서 보면, 이 사람은 위험한 일을 더 저지르지 않을 때까지 그러니까 더는 집에 불을 내지 않을 때까지 격리되어야 한다. 그러나 법은 앞으로 저지를 행위가 아니라 이미 저지른 행위에 대해서만 처벌할 수 있다. 게다가 방화죄는 20년, 30년씩 격리될 만큼 중범죄도 아니다. 하지만 상습 방화범일 경우, 저지른 범죄보다 앞으로의 위험성이 더 크다. 이런 경우 오늘날 우리는 '보안처분'으로 해결한다. 특별히 위험한 범죄자는 형을 다 치른 뒤에도 계속해서 구금된다. 그러나 보안처분은 형벌이 아니기 때문에 교도소에서 집행되지 않는다.

　어떤 사람이 집단살해 같은 아주 큰 범죄를 저질렀다고 가정해 보자. 범죄에만 초점을 맞춰 형벌을 정하면, 범죄자는 재사회화의 반대인 사회 부적응자가 될 만큼 아주 오랫동안 사회에서 격리될 것이다. 50년을 감옥에서 지낸 뒤 어떻게 다시 사회에 통합될 수 있겠는가.

　반대로 재사회화에만 초점을 맞추면, 다른 문제에 봉착한다. 예를 들어 나치시대의 많은 범죄자들이 여전히 죗값을 치르지 않은 채 살아가고 있다. 그들은 눈에 띄지 않게 조용히 산다. 더는 집단살해에 동참하지 않고 절도조차도 저지르지 않는다. 그들은 '재사회화' 되었다. 그렇기 때문에 이제 와서 그들을 처벌하는 것이 쓸데없는 일일까?

모든 형벌론에는 타당한 면과 허점이 동시에 있다. 그렇기 때문에 어느 것도 맹목적으로 따라선 안 된다. 개별 사건에 따라 가능한 한 여러 형벌의 목적을 만족시키는 한 가지 해결책을 찾아야 한다. 어떤 형벌도 한쪽 이론과 완전히 모순되어선 안 된다. 독일 형법은 '절충 이론'을 따른다.

다니엘은 어떤 형벌을 받아야 할까? 종신형? 그가 지은 죄를 살펴보자. 1973년 5월 13일 밤, 다니엘은 레안더의 집 거실에 있었다. 부엌에서 불꽃이 보였고 레안더가 식탁에서 떨리는 손으로 '베를린 팅케'라 불리는 마약을 제조하고 있었다.

'베를린 팅케'는 모르핀탄산과 빙초산의 혼합물로 헤로인의 전신이다. 이것을 가열하면 갈색 액체가 생기는데, 이것을 주사기로 주입한다.

다니엘은 레안더에게 1천 마르크어치 모르핀탄산을 조달해 주었지만 돈을 받지 못했다. 그래서 그는 레안더에게 더는 아무것도 제공하지 않기로 했다. 하지만 레안더가 물건을 가져오지 않으면 본때를 보여주겠다 협박하는 바람에 다시 한 번 레안더에게 왔던 것이다.

레안더는 문 앞에 웅크리고 앉아 가느다란 바늘을 팔뚝에 꽂았다. 다니엘은 조용히 부엌으로 들어가 레안더 등 뒤에 바짝 다가섰다. 그는 총을 꺼내 레안더의 머리에 세 발을 쏘았다. 모두 명중했다.

법원은 모든 증거를 확인한 뒤 판결한다. 레안더가 주사를 놓느라 딴 데 집중하고 있을 때 뒤에서 몰래 총을 쐈기 때문에, 그의 행위는 비열했다. 그는 살인자다. 형법 제211조에 따르면, "살인자는 무기 자유형에 처한다." 형법 제211조가 헌법에 위배되지 않는 한, 법원은 무기 자유형을 선고할 수밖에 없었다.

"사형은 폐지된다." 헌법 제102조가 말한다. 이 조항이 생긴 뒤로 독일의 최고형은 무기 자유형이다. 그전까지는 무기 자유형이 사형에 비해 가벼운 처벌이었다. 운이 좋은 사람은 '종신형'으로 사형을 면했다.

2차 세계대전 후에 독일은 사형이 잔인하고 비인간적이라는 데에 합의했다. 무기 자유형에 대해서는 아무도 깊이 생각하지 않았다. 사형제를 지지했던 사람들이 사형제 폐지 후부터 줄곧 물었다. 죽을 때까지 갇혀 살게 하는 것이 죽이는 것보다 더 잔인하지 않은가?

1960년대 말, 사형에 대한 토론이 잠잠해진 뒤에야 비로소 사람들은 '종신형'에 대해 고민하기 시작했다. 종신형은 형벌론에 부합하는가?

이 물음에 대한 답을 찾아보자. 의도적으로 어떤 사람의 목숨을 빼앗은 사람은 대단히 무거운 죄를 지은 것이다. 죗값을 치르는 정산 개념에서 보면, 이 사람은 대단히 무거운 형벌을 받아야 마땅하다. 그러므로 무기 자유형은 타당해 보인다. 그러나 사형 역시 타당할 수 있다.

또한 일반예방 차원에서도 국가가 살인을 무겁게 처벌하는 것은 당연하다. 다니엘이 마약 거래 중에 총으로 사람을 쏴서 죽이고도 벌금형이나 몇 개월 징역으로 죗값을 치를 수 있다면, 싸움이 생겨 사람을 뒤에서 총으로 쏴서 죽이고도 벌금형이나 몇 개월 징역으로 죗값을 치를 수 있다면, 이런 처벌은 살인을 계획한 사람에게 겁을 주는 본보기가 절대 되지 못한다. 국가가 생명을 소중히 여기고 보호한다는 사회적 신뢰가 생기지 않을 것이다. 그러므로 일반예방의 목적에 무기 자유형은 잘 맞는다. 그러나 사형도 마찬가지다.

특별예방의 목적에 무기 자유형이 잘 맞을까? 다니엘을 죽을 때까지 가둬 두면, 적어도 감옥 밖에서 더는 살인을 저지를 수 없다. 사형도 마찬가지다. 게다가 더 확실하다.

그러나 만약 다니엘이 언젠가 더는 위험한 사람이 아니게 되면 어떻게 될까? 그가 재사회화되어 다시 사회 안에서 평범한 삶을 살 수 있게 된다면? 그러면 무기 자유형도 사형도 과한 형벌이 된다. 이 시점 이후로는 특별예방을 근거로 다니엘을 계속 가둘 수 없다.

당시 교도소의 일상은 이미 재사회화에 맞춰져 있었다. 예전과 달리 행형이 죄수를 저당물처럼 보관하는 '구금 행형'

이 아니라 '처우 행형'이다. 사회로 돌아가 범죄를 저지르지 않고 살 수 있도록 수감자를 교화하는 것이다. 그들은 교도소에서 성실하게 생활해야 하고 노동과 여가, 취미 활동, 대화, 외부 세계와의 접촉이 있는 정해진 일상을 보내야 한다. 그들은 맡은 일에 책임을 져야 하고 재교육을 받아야 한다. 교도소가 범죄자의 인격에 미칠 수 있는 악영향을 가령 사회봉사나 심리 치료를 통해 없애야 한다.

이 모든 것이 '종신형'에도 적용된다. 그러나 이는 범죄자가 언젠가 다시 교도소를 떠나 사회로 돌아갈 수 있어야만 의미가 있다. 어차피 사회로 돌아갈 수 없다면 사회에서 살아갈 준비를 시킬 필요가 없는 것이다. 죽을 때까지 갇혀 살 사람과 재사회화는 어울리지 않는다.

그러나 바로 재사회화가 인간의 존엄성을 보장한다. 인간의 존엄성은 국가가 어떤 상황에서도 최소한의 제한조차 결코 할 수 없는 유일한 기본권이다. 앞에서 우리는 '수단 공식'에 대해 다뤘다. 그것에 따르면 국가는 인간을 객체로, 목적의 수단으로 취급해선 안 된다. 단지 다른 사람들에게 본보기를 보이기 위해 누군가를 영원히 가두는 것이야말로 인간을 단순한 구경거리로 강등하는 것이다.

처음의 악몽을 다시 생각해 보자. 열쇠 없는 감옥에 영원히 갇혀 있어야 한다면 어떤 기분이 들까? 언젠가부터 날짜를 생각하지 않게 되리라. '밖이' 2020년이든 2050년이든 상관

없을 테고 벽에 매일 하나씩 줄을 긋는 것도 무의미해질 터이다. 줄은 무한히 늘어날 테니까.

모두 제 탓이라고 말할 수 있으리라. 다니엘이 아무도 죽이지 않았더라면 이런 일도 없었을 거라면서. 하지만 인간의 존엄성은 훼손될 수 없고 누구도 포기할 수 없다. 스스로 비인간적인 짐승처럼 행동했더라도 모든 인간은 존엄하다. 우리는 고문을 다룰 때 이미 이것을 확인했다. 이것은 나치시대의 헌법에서 얻은 교훈이다.

언젠가 다시 자유로워질 수 있다는 희망을 말살하는 것은 그 사람의 존엄성을 없애는 것이다. 그 사람이 무슨 일을 저질렀든 상관없이.

다니엘이 감옥에 갈 때 다시 자유로워질 수 있다는 희망이 전혀 없지는 않다. 그에게는 사면의 기회가 있다. 국가가 수감자들에게 자유를 선물할 수 있다. 괜히 '특사'라는 말이 있는 게 아니다. 사면의 기준은 자유롭다. 그것에 대한 명확한 규정이나 전제 조건은 없다. 어떤 사람에 대한 사면 결정이 옳은지 그른지를 법원이 검사할 수 없다. 그것은 법원이 판결할 일이 아니다.

헌법재판소는 사면이라는 지푸라기로 인간의 존엄성을 보장하기에 역부족이라고 보았다. 다니엘의 경우, 자유로워질 기회가 구체적이고 현실적일 때만 자유형이 인간의 존엄성을 해치지 않는다. 그 기회가 사면권자의 손에만 달려 있어선 안 된다. 전제 조건, 진행 과정, 관할이 법에 명시되고 법원이 결정을 감시할 수 있어야 한다. 문을 잠그고 열쇠를 강물에 던져 버리는 그런 '종신형'이 있어서는 안 된다.

그러나 1977년에 헌법재판소는 깜짝 놀랄 판결을 내렸다. 무기 자유형은 아무 문제가 없다는 것이다. 중요한 것은 무기 자유형이 아니라, '종신형'을 선고받은 사람도 다시 자유로워질 기회가 있다는 것과 그 기회를 얻을 전제 조건을 형법에 명시하는 것이다. 그러므로 다니엘은 '종신형'을 선고받았고, '종신형'을 선고받은 사람은 15년 복역 뒤에 자유로워질 수 있다는 내용이 형법에 추가되었다. 자유로워질 기회를 얻으려면, 형을 선고받은 자가 다시 죄를 지을 위험성이 없어야 하고 행형을 계속해야 할 만큼 '특히 중한 책임'이 없어야 한다. 그러면 나머지 형이 보호관찰 5년으로 바뀐다.

이로써 법은 모든 형벌론의 원칙에 맞게 범죄자의 위험성과 죄를 고려한다. 특히 끔찍한 살인을 저질렀거나 심지어 여러 명을 죽였고 재범의 위험성이 아직 있는 사람은 15년 복역 뒤에도 자유로워지지 못할 수 있다. 그러나 23년 뒤에는 다시 기회를 얻을지 모른다. 그의 열쇠를 그냥 강물에 던져버리지 않는 것이다.

1992년 한 남자가 헌법재판소에 도움을 청했다. 아무도 그의 열쇠를 강물에 던지지 않았지만 사실상 던져버린 거나 마찬가지라는 기분이 들었기 때문이다. 그는 은행 강도사건에서 은행원 두 명을 사살했다. 공범이 은행원을 인질로 잡고 있었는데, 그가 자동 권총으로 두 사람을 벌집으로 만든 것이다. 그는 '종신형'을 선고받았다.

15년을 복역한 뒤 이 남자는 가석방을 신청했지만, 행형을 계속해야 할 만큼 '특히 중한 책임'이 있으니 다음에 다시 신청하라고 법원이 답변했다. 20년을 복역한 뒤 다시 신청했지만 법원은 5년 전과 똑같이 답변했다.

그가 계속해서 이런 답변을 들으며 언제가 될지 모르는 불확실한 시기에 희망을 걸어야 한다면, 이것은 과연 국가가 그의 존엄성을 위해 보장해야 할 희망의 여명으로 충분할까?

헌법재판소는 아니라고 판결했다. 그가 자신의 죗값을 언제 다 치르게 될지 알 수 없는 괴로운 불확실성이 이 남자의 희망을 모호하게 만든다. 그에게는 철창 뒤에서 얼마나 오래 죗값을 치러야 할지 알 권리가 있다. '종신형'은 죽을 때까지 집행되어선 안 되고 '종신형'을 선고받은 모든 사람은 행형이 구체적으로 얼마 동안 지속될지 가능한 한 빨리 알아야 한다. 또한 법원은 '특히 중한 책임'의 여부를 판결 초기에 즉시 확인해 주어야 한다. 15년 복역 뒤에 가석방을 신청했을 때 처음으로 이 얘기를 듣고 놀라는 사람이 있어선 안 된다.

다니엘은 '종신형'에 맞선 싸움에서 이겼을까? 그는 오래 전에 가석방되었다. '종신형을 선고받은 사람'이 정말로 죽을 때까지 교도소에 갇혀 있는 경우는 거의 없다. 살인에 대한 최고형을 공식적으로 자유형 20년 혹은 30년으로 줄여도 실제로 달라지는 것은 크게 없다. 그럼에도 형법에는 여전히 적혀 있다. "살인자는 무기 자유형에 처한다."

무기 자유형을 유지하는 까닭은 무엇일까? 무기 자유형은 최고형의 상징이다. 무기 자유형은 사형 대신에 이 기능을 한다. 이것은 국가가 인간의 생명을 보호한다는 사실을 상기시킨다. 추리극에 등장하는 대중들을 떠올려 보자. 그들은 살인자가 '종신형'을 선고받기를 기대한다. 설령 그것이 실상은 자유형 15년 혹은 20년을 의미한다 하더라도 말이다. 오늘날 '종신형'은 글자 그대로의 의미 이상의 효력을 내고, 글자 그대로의 처벌 규모보다 적게 집행된다. 우리가 이것을 더 많이 의식할수록 더 일찍 이 개념을 버릴 수 있다.

우리는 앞의 두 장에서 범죄자의 존엄성에 대해 알아보았다. 그렇다면 희생자의 존엄성은 어떻게 되는 걸까? 다음 장에서 알아보자.

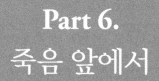

Part 6.
죽음 앞에서

Chapter 1.

국가는 테러리스트로부터 국민을 어떻게 보호해야 하는가?

생명의 가치

"세상에나, 너무 낮게 나는 거 아냐?" 한 여자가 근심스럽게 말했다.

올라갔다, 내려갔다, 올라갔다, 내려갔다. 사람들의 머리가 비행기를 따라 규칙적으로 움직였다. 비행기는 프랑크푸르트 도심의 쇼핑 거리로 향했다. 바닥으로 곤두박질치기 직전에 가까스로 솟아올라 고층빌딩 위를 날았다. 다시 추락. 이번에도 가까스로 충돌을 피해 방향을 틀었다.

2003년 1월 5일 15시 05분, 바벤하우젠 경비행장에서 비행기 도난 신고가 들어왔다. 모터글라이더 관광 비행을 예약한 30대 초반의 남자가 권총으로 조종사를 위협하여 쫓아낸 후 직접 모터글라이더를 조종하여 이륙한 것이다. 그가 향한 곳은 프랑크푸르트 도심. 자신을 '스티븐'이라고 밝힌 남자는 15시 30분에 비행 규칙대로 관제탑에 보고했다. 경찰 헬리콥터가 뒤를 쫓았다.

스티븐은 미국과의 무전 연결과 텔레비전 인터뷰를 요구했다. 그는 1986년 미 우주선 '챌린저' 추락 사고 때 사망한 여성 우주인을 위해 이 일을 벌였다. 스티븐은 유럽 중앙은행으로 돌진하겠다고 위협했다. 하늘 높이 솟은 148미터짜리 고층 빌딩으로.

모터글라이더의 최대 속도는 시속 200킬로미터이고 날개까지 포함해 17미터가 조금 안된다. 그러나 이날 프랑크푸르트 상공을 올려다본 사람은 2001년 9월 11일의 장면을 떠올렸다. 당시 테러리스트가 4인용 비행기를 납치하여 추락시켰고 그중 두 대가 뉴욕의 세계무역센터 빌딩으로 돌진했다. 빌딩이 무너지고 3000명 이상이 죽었다. 그 일이 있은 지 1년 반이 채 안된 때였다.

프랑크푸르트에도 재앙이 닥칠까? 경찰은 비상경보를 울려 시민들을 모두 대피시켜 도심을 비웠다. 경찰 헬리콥터는 아무것도 할 수가 없었다. 스티븐은 계속해서 빌딩 사이를 맴돌았다. 사람들은 불안에 떨었다. 그들은 하늘을 올려다보았다. 그리고 국가를, 경찰을, 군대를, 정부를 보았다. 그들은 국가가 보호해 주기를 희망했다. 많은 이들이 국가가 스티븐을 격추시켜야 한다고 주장했다.

헌법 제2조 2항은 국가에게 의무를 준다. 모든 인간의 생명을 보호할 의무. 어떤 사람이 공격을 받으면 국가는 그의 생명을 지키기 위해 방어해야 한다.

생명을 보호하기 위해 국가는 어느 범위까지 행동해도 될까? 1977년 '독일의 가을[5]' 어느 날 밤에 헌법재판소의 재판관들이 이 질문에 몰두했다. 당시 독일 적군파[6]가 공포를 확산시켰다. 그들은 4월에 연방검찰총장을 자동차 안에서 암살했고, 7월에 드레스덴은행 은행장을 그의 자택에서 암살했다.

1977년 9월 5일에는 '지그프리트 하우즈너 기동대'가 독일경영자협회장 한스 마르틴 슐라이어Hanns Martin Schleyer를 퇴근길에 습격하여 운전사와 경호원 세 명을 사살했다. 이 테러리스트는 슐라이어를 납치하여 도주했다. 그들은 은신처를 바꿔가면서 인질극을 벌였고, 체포된 테러리스트 11명의 이름을 대면서 풀어 줄 것을 요구했다. 그리고 독일연방공화국에서 나가게 해달라고, 그러지 않으면 슐라이어를 처형하겠다고 협박했다.

헬무트 슈미트Helmut Schmidt 총리는 의지가 확고했다. 그는 협박에 굴복하지 않기로 했다.

납치범은 슐라이어의 사진들을 신문사와 방송국으로 보

---

5. 1977년 가을에 독일에서 일어난 일련의 테러 사건을 통칭하는 말.
6. RAF(Rote Armee Fraktion). 1970년에 결성된 서독의 극좌파 무장 단체. 이 조직은 자신들을 무장 투쟁 운동 조직으로 소개했지만, 서독 정부는 테러리스트 집단으로 규정했다.

냈다. 사진 속 슐라이어는 종이를 펼쳐 들고 지친 얼굴로 카메라를 응시하고 있었다. "RAF의 포로 20일째".

슈미트 총리의 의지는 확고했다.

10월 13일에 팔레스타인 테러단이 프랑스에서 루프트한자 항공편 LH181, 일명 '란츠후트 호'를 납치했다. 그들은 독일의 테러리스트와 동맹이었고 같은 요구를 전했다. 포로 석방, 탈출 보장. LH181편에는 승객 91명이 타고 있었다.

슈미트 총리의 의지는 확고했다.

1977년 10월 15일 새벽 '란츠후트 호'는 아랍의 상공을 헤맸다. 슐라이어의 행방은 여전히 묘연했다. 이때 변호사인 슐라이어의 아들이 아버지의 이름으로 헌법재판소에 도움을 청했다. 그는 정부를 고발했다. 헌법재판소가 정부에 지시해주기를 요청했다. 납치범의 요구를 들어주라고, 테러리스트를 석방하라고.

슐라이어의 생명은 국가의 손에 달렸고 국가는 그의 생명을 보호할 의무가 있었다. 그의 아들은 헌법에 명시된 이 의무를 근거로 삼았다. 그는 긴급 소송으로 '가명령'을 청구했다. 재판이 열리기까지 몇 년씩 기다리기 일쑤인 곳에서 청구 당일에 바로 재판이 열렸다. 10월 16일 새벽, 제1재판부에서 비공개로 토론이 진행되었다.

국가가 슐라이어의 생명을 보호해야 하는 것은 당연했다. 다만 어떻게 보호하느냐가 문제였다.

납치범을 대하는 전략에는 여러 가지가 있다. 납치범의 요구를 들어주는 것이 하나다. 11명의 테러리스트는 위험한 인물들이기 때문에 납치범의 요구대로 이들을 풀어 주면 다른 사람들의 생명을 위험하게 할 터였다. 국가는 슐라이어의 생명뿐 아니라 다른 모든 국민의 생명도 보호해야 한다. 국가는 유연함을 유지해야 한다. 납치에 대한 대처법을 법이 규정한다면, 납치범은 국가의 반응을 미리 예상할 것이다. 그러면 국가는 헌법 제2조 2항의 의무를 더는 이행할 수 없게 된다. 그러므로 협박에 굴복하지 않는 것이 생명 보호의 의무와 대립하지 않는다. 국가가 어떤 선택을 할지 열려 있는 것이 납치범으로부터 국민의 생명을 보호하는 전제 조건이다.

또 다른 전략은 끝까지 은신처를 찾아 습격한 후 납치범과 협상하는 것이다. 모든 전략에는 장단점이 있다. 어떤 것도 성공을 보장하지 않는다. 국가가 납치범의 요구를 들어 주더라도 그들은 슐라이어를 죽일 수 있다.

이날 밤 재판관들은 유일한 정답이 없다는 걸 깨달았다. 그래서 그들은 이렇게 결론을 내렸다. 국가는 슐라이어의 목숨을 보호해야 한다. 그러나 국가가 어떤 전략을 쓸지는 정치적 결정이다. 헌법 제2조를 근거로 하더라도 여러 가능성이 존재하는 한 누구도 특정 전략을 강요할 권리는 없다.

1977년 10월 16일 아침, 헌법재판소는 결정을 발표했다. 슐라이어는 포로와 교환되지 않을 것이다.

다음날 새벽에 '란츠후트 호'는 소말리아의 모가디슈에 착륙했다. 납치범은 비행기를 폭파하겠다는 협박을 최후통첩으로 보냈다. 그들은 승객들의 몸에 휘발유를 부었다고 주장했다. 그리고 조종사의 머리를 쏴서 죽였다. 자정 직전에 독일 특수부대가 '란츠후트 호'를 습격하여 납치범 넷 중 셋을 사살했다. 승객들은 모두 무사했다.

슈투트가르트의 슈탐하임 교도소에서 이른바 '죽음의 밤'이 이어졌다. 안드레아스 바더와 구드룬 엔슬린을 비롯한 RAF 지도부들이 교도소 일급 보안 구역에서 자살했다. 다음 날 RAF는 슐라이어를 처형했다고 알렸다. 슐라이어는 알자스 지역 뮐하우젠, 아우디100 승용차 트렁크 안에서 사체로 발견되었다.

오늘날까지 슐라이어 사건은 국가가 모든 생명을 보호해야 하는 의무를 이행하기가 대단히 어렵다는 것을 보여 주는 좋은 사례로 통한다. 해결책이 없는 것이 최선이고 '한 명'의 희생자를 감수할 수밖에 없는 특별한 상황이 있다는 본보기로 통한다. '슐라이어 결정'이 이런 사례들을 지지한다. 국가의 보호 의무에서 의무는 오직 예외적으로만 특정 한 가지 행위로 유도된다.

2003년 1월 프랑크푸르트에서도 사람들을 구할 여러 방법이 있었다. 비행기를 격추하는 것이 한 방법이었다. 국방부 장관은 전투기 두 대를 이륙시켜 모터글라이더를 포위하게 했다.

17시 10분, 프랑크푸르트 관제탑이 보고했다. 모터글라이더의 연료가 떨어져 착륙을 요청했다는 것이다. 다시 한 번 일이 잘 해결되었다.

'레니게이드Renegade'는 '변절자'라는 뜻의 영어다. '레니게이드 항공기'는 어떤 사람이 본래의 항공 목적 이외의 폭력적 목적으로, 가령 의도적 추락의 무기로 사용한 항공기를 말한다. 레니게이드 항공기를 조종하는 사람은 재앙을 목표로 한다.

프랑크푸르트의 사건이 토론을 불러일으켰다. 다음에 같은 일이 또 벌어지고 그때 모터글라이더를 탄 범인이 정신병자가 아니라면 어떻게 될까? 독일은 같은 해에 항공안전센터를 설립했다. 레니게이드 항공기의 위협을 방어하는 것이 이곳의 임무다. 그러나 이곳에서 할 수 있는 일은 무엇일까? 슐라이어 결정이 보여 주듯이, 국가가 반드시 레니게이드 항공기를 격추해야 하는 건 아니다. 그렇다면 격추할 권한은 있을까? 당시에는 그것에 대한 법적 근거조차 없었다.

2003년 11월에 독일 정부가 레니게이드 법을 발의했다. 중심 내용은 격추 권한이었다. 레니게이드 항공기를 멈출 다른 방법이 없을 때, 공군이 이 항공기를 격추할 수 있게 하자는 것이다. 그러면 비행기의 승객은 땅에 있는 사람들을 위해 희생될 수밖에 없다. 국가가 의도적으로 사람을, 그것도 범죄자가 아니라 피해자를 죽이도록 허락하는 법은 그때까지 없었다.

연방의회는 1년 동안 이 법안에 대해 토론했다. 독일 역사상 가장 논란이 많았던 법이다. 이 법안은 결국 통과되었다. 연방대통령 호르스트 쾰러Horst Köhler는 고심 끝에 법안에 동의했지만, 이 법이 과연 헌법과 맞을지에는 회의적이었다. 2005년 1월 15일, '항공안전법'이 발효되었다.

여섯 명이 즉시 헌법 소원을 냈다. 비행기를 자주 이용하는 사람들로, 조종사들과 자유민주당FDP 정치가 게르하르트 바움Gerhart Baum, 부르크하르트 히르쉬Burkhard Hirsch. 이들은 자주 비행기를 타고 격추 때 죽을 위험이 있다.

국가는 모든 사람의 생명을 보호해야 한다. 그러나 생명과 생명이 대립하면 어떻게 해야 할까? 국가는 두 사람을 구하기 위해 한 사람을 희생시켜도 될까?

1967년에 이미 영국의 철학자 필리파 푸트Philippa Foot가 도덕적 문제를 지적했다. 그녀는 오늘날까지 토론되는 사고실험인 '트롤리 딜레마Trolley Dilemma'를 제시했다. 브레이크가 고장난 기차가 선로에서 작업 중인 노동자 다섯 명에게로 돌진한다. 가까스로 선로 전환기를 돌려 기차를 다른 선로로 유도한다. 이 선로에서 일하는 노동자는 한 명뿐이다. 이 경우 선로 전환기를 돌려도 되는 걸까? 꼭 그래야만 할까?

고문에 관해 다룰 때 우리는 결과론적 관점과 의무론적

관점에 대해 알아보았다. 결과론주의자들은 결과만 따져 다섯 명이 죽는 것보다 한 명이 죽는 것이 더 낫다고 본다. 결과적으로 네 명을 구한 것이기 때문이다. 의무론주의자들은 결과를 따지지 않고 각각의 행위를 분리해서 본다. 사람을 죽이는 것은 절대적 금지이고, 그것을 통해 다른 사람이 구조되느냐에 좌우될 수 없다. 그러나 트롤리 딜레마에서 다른 선로에서 일하던 노동자가 죽은 것은 의도된 살인이 아니다. 그는 구조 과정에서 발생한 불가피한 부작용이다. 그러므로 의무론주의자들도 선로 전환을 수용할 수 있다. 말하자면 도덕적 토론에서 많은 이들의 의견이 일치한다. 선로 전환기를 반드시 돌려야 하는 것은 아니지만 돌리는 것이 허락된다. 대부분의 사람들은 이것이 도덕적으로 옳다고 여긴다.

레니게이드 항공기의 경우 대차 대조는 더욱 명확하다. 납치된 여객기에 무고한 사람 100명이 탔다고 가정해 보자. 납치범은 빌딩을 향해 돌진한다. 여객기가 빌딩과 충돌하면 지상의 무고한 사람 1000명이 죽을 것이다. 당연히 기내의 100명도 함께. 비행기를 제때에 격추하면, 지상의 1000명은 구할 수 있다. 어떤 결정을 내리든 기내의 100명은 어차피 죽는다. 격추할 경우 단지 몇 초 일찍 죽을 뿐이다.

트롤리 딜레마에서처럼 여기서도 승객의 죽음은 목적의 수단이 아니라 구조 과정에서 생기는 의도치 않은 부작용이다. 기내의 승객은 무해하게 만들어진 무기와 같다. 어떤 사람들은 이렇게 말함으로써 요점을 명확히 한다.

이런 식의 계산은 도덕적으로 매혹적이다. 그러나 법적으로는 어떨까?

헌법 제2조 2항의 생명권은 불가침이 아니다. 생명권은 법률 유보의 원칙에 따라 다른 법률을 근거로 제한될 수 있다. 확실한 법률적 근거만 있다면 국가는 사람을 죽여도 된다. 1100명의 사망에서 1000명의 사망을 뺀다는 뜻은 곧 1000명을 구하는 것이다. 이런 계산이 도덕적으로 뿐만 아니라 법적으로도 100명을 죽여도 되는 확실한 근거가 될 수 있을까?

법적으로 볼 때, 이 계산식에는 오점이 있다. 국가는 사람을 사과처럼 취급하여 계산했다. 국가는 사람을 개별 인격이 아니라 수식의 인수로, 대체 가능한 객체로 취급했다. 승객을 '무기'에 비유한 표현은, 기내의 승객을 사람이 아니라 사물로 보는 견해를 노골적으로 드러낸다.

앞의 두 장에서 확인했듯이 국가가 사람을 사물로 취급하면 헌법이 경종을 울린다. 그것은 최고 수준의 경종인데, 헌법 제1조 1항 인간의 존엄성을 해치는 것이기 때문이다. 인간의 존엄성은 훼손될 수 없다. 인간의 존엄성은 모든 사람이 대체 가능한 객체가 아니라 개별 인격으로 존중되기를 요구한다. 이것이 바로 우리가 앞에서 배운 '수단 공식'이다. '생명과 생명'을 저울질하는 것은 도덕적으로 받아들일 수 있을지 모르지만, 헌법이 보장하는 인간의 존엄성에는 위배된다. 모든 생명에는 비교할 수 없는 고유한 존엄성이 있기 때문이다.

그렇다면 이것이 우리의 긴박한 사건에도 적용될까? 납치범이 비행기를 빌딩과 충돌시키든 국가가 격추하든 어차피 승객들은 목숨을 잃는다. 빌딩과 충돌하게 둘 경우, 그들은 원치 않은 죽음의 공포를 느끼면서 숨을 몇 번 더 쉴 것이다. 공포로 가득한 호흡이라도 인간의 존엄성을 보호하기 위해 그리고 다른 1000명을 더 죽게 하면서까지 조금 더 오래 유지할 가치가 있을까?

이 물음은 살 가치가 있는 생명과 살 가치가 없는 생명을 구별하게 한다. 구별을 하려면 경계선을 정해야 한다. 어디에 경계선을 그어야 할까? 5초 혹은 5분? 5년? 레니게이드 항공기 밖에 있는, 죽을 날이 얼마 남지 않은 95세 노인에게는 얼마만큼의 존엄성이 있을까? 불치병에 걸린 4세 아동은?

헌법 제1조는 이런 생각을 막고자 한다. 국가가 다시는 나치시대처럼 살 가치가 있는 생명과 살 가치가 없는 생명을 구별해선 안 된다. 그러므로 인간의 존엄성은 그 무엇과도 비교되고 저울질되어선 안 된다. 인간의 존엄성은 살짝만 압박해도 깨져 버리는 날달걀과 같다. 고통 속에서 3초간 지속되는 생명도 행복한 수십 년을 바라보는 생명과 똑같은 인간의 존엄성을 보장받아야 한다.

국가가 인간의 존엄성을 해치지 않으면서 사람을 죽여도 되는 사례가 과연 있을까? 납치범의 생명을 보자. 국가가 그를 사살하는 것은 그를 객체로 취급하는 게 아니다. 오히려 그 반대다. 국가는 그를 자신의 기술을 이용하여 다른 사람들을 위협하는 행동의 주체로 진지하게 여기는 것이다. 납치범은 무기력하게 위험에 노출되어 있지 않고 스스로 상황을 조종할 수 있다. 그를 죽이는 것과 인간의 존엄성은 대립하지 않는다. 충돌을 막을 다른 방법이 없으면 국가는 납치범의 생명권을 '훼손'해도 된다. 그럴 만한 충분한 근거가 있다.

기내에 납치범만 있다면, 헌법은 다른 사람을 구하기 위해 그를 사살하도록 허락한다. 그러나 항공안전법은 이런 경우에만 국한되지 않는다. 이 법은 헌법재판소에 헌법 소원을 낸 여섯 명과 같은 무고한 사람들을 위험에 빠트린다. 그러므로 헌법재판소는 격추 권한을 무효라고 판결했다.

이런 경우 법은 많은 사람들의 도덕적 감성과 일치하지 않는다. 레니게이드 항공기와 맞닥뜨린 군인은 딜레마에 빠질 수 있다. 이때 양심의 자유 역시 그에게 도움이 못 된다. 양심의 자유를 지킬 권리는 양심에 반한 행위를 하지 않아도 될 경우에만 보장되기 때문이다. 어느 누구에게도 자신의 양심을 위해 다른 사람을 죽일 권한은 없다.

이런 딜레마에 대해 어떤 사람들은 법적인 한 가지 해결책을 토론한다. 그들은 '초법적 위기 상황'에 대해 말한다. 초

법적 위기 상황이란, 어느 쪽을 선택하든 희생자가 나올 수밖에 없고 확실하게 올바른 해결책이 없는 특이한 상황을 뜻한다. '생명과 생명'을 저울질해야 할 때처럼. 어느 누구도 자신을 도덕 옹호자로 자부할 수 없는 갈등을 뜻한다.

초법적 위기 상황을 주장하는 사람들의 딜레마 해결 방법은 이렇다. 인간의 존엄성 때문에 국가는 군인에게 승객이 탄 비행기를 격추하라고 지시할 수 없다. 군인이 스스로의 결정에 따라 다수의 생명을 구하기 위해 소수의 생명을 희생시키면 그는 법을 어기게 된다. 그러나 그는 처벌받지 않을 것인데, 법 스스로 만족할 만한 해결책을 제시하지 못하는 갈등 상황에 있었기 때문이다.

프랑크푸르트의 미친 비행이 실제와 다르게 전개되었더라면 전투기에 탄 군인들은 어떤 결정을 내렸을까? 당시 국방부 장관이었던 프란츠 요제프 융Franz Josef Jung은 군인들에게 공식적으로 지시했다. 위급한 상황에서는 초법적 위기 상황을 근거로 하라! 글자 그대로 초법적 위기 상황은 법 안에 있지 않다. 대부분의 사람들은 그것을 법 위에 둔다. 그러나 나중에 법원도 그렇게 여길지는 아무도 장담할 수 없다.

말하자면 법은 우리의 도덕적 결정을 항상 인정하지 않는다. 법과 도덕이 모순될 때 우리는 각자 자신의 운명 앞에 홀로 설 수밖에 없다.

국가가 자신의 생명을 보호하는 것을 원하지 않는 사람들도 있다. 죽고자 하는 사람들은 언제 죽음을 허락받을까? 다음 장에서 알아보자.

Chapter 2.

죽음은 누구의 손에
달렸는가?

안락사

오른쪽 눈이 뭉개졌다. 눈 밑이 부어올랐고 코 주변은 상처가 살을 파고들었다. 나머지 얼굴도 흉터투성이다.

E씨는 그런 모습으로 병원에 왔다. 수없이 많은 수술을 했다. 수술 횟수가 열다섯 번을 넘어가면서부터 세는 것을 그만두었다. 암이 자라기 시작한 건 5년 전이다. 처음엔 피부에 그다음엔 부비강, 상악, 안구 뒤편에. 지금은 뇌다.

E씨는 알약 18알과 물약 40방울을 매일 복용하고 좌약 진통제를 넣는다. 눈, 이마, 관자놀이, 아프지 않은 곳이 없다. 입을 다물지 못하고 음식을 삼키기도 힘들다. 암세포가 정복해버린 두개골은 CT사진에서도 그 모습을 알아보기 어려울 정도다.

"도와주세요, 제발. 더는 못 참겠어요!" E씨가 침상에서 애원했다. 그녀는 6층 병실에서 뛰어내리고 싶었지만, 그렇게 했는데도 죽지 않으면 모든 것이 더 끔찍해질 터라 감히 실행에 옮기지 못했다. 그녀는 힘들게 의사의 약속을 받아내고 병원을 나섰다. 의사가 그녀를 돕기로 약속했다. 때가 되면. 더는 죽음을 기다릴 수 없게 되면…….

철학자들은 오래전부터 인간의 자살에 대해 논쟁했다. 생명이 신의 선물이라면, 끝까지 선물을 간직해야 할까 아니면 중간에 돌려줘도 될까?

칸트는 자살을 허용하지 않는다. 그에게 생명은 목적 그 자체이다. 인간은 생명을 유지해야만 한다. 그러지 않으면 '자기 자신에 대한 의무'를 저버리는 것이다. 쇼펜하우어는 '삶의 공포가 죽음의 공포를 압도할 수 있다'고 본다. 언제가 그런 경우일까? E씨처럼 고통스러운 불치병에 걸린 경우일까? 아니면 결혼 생활이 견딜 수 없게 불행할 때? 직장을 잃었을 때? 이것 혹은 저것을 가지지 못했을 때?

아리스토텔레스가 주장한 것처럼, 어느 누구도 자발적으로 자기 자신에게 해를 입히지 못한다. 스스로를 죽이는 사람은 계속 유지되길 바라는 사회에 해를 입히는 것이다. 그러므로 자살을 원하는 사람에게는 사회적 '낙인'이 찍힌다. 미국의 몇몇 주에서는 옛날부터 자살이 범죄였다. 6층에서 뛰어내렸다가 살아남은 사람은 법정에 서야 했다.

독일의 법은 삶에 지친 사람에게 연민을 갖는다. 자신과의 싸움, 삶과의 싸움이 이미 충분한 형벌이기 때문이다. 그런 사람이 자살에 실패했을 때 감옥에 넣는 것은 너무 가혹해 보인다. 그의 행위에 대한 도덕적 평가와 상관없이. 그러므로 독일에서 자살은 범죄가 아니다.

그렇다면 우리는 자살을 위해 다른 사람의 도움을 어디까지 받아도 될까?

E씨가 의사의 약속을 받기 수년 전인 1963년에 독일 법원은 '기젤라 사건'에서 이 물음에 몰두했다. 당시 기젤라는 16세였고 사랑하는 남자 친구가 있었다. 그러나 두 사람의 관계를 못마땅하게 여긴 그녀의 부모는 두 사람을 강제로 떼어놓으려 했다. 기젤라는 죽고 싶었다. 남자 친구는 그녀가 혼자 죽게 둘 수 없었다. 그래서 두 사람은 동반 자살을 계획했다.

그들은 부모에게 작별 편지를 남기고 남자 친구의 자동차를 타고 주차장으로 갔다. 약을 먹었지만 효과가 없었다. 다른 방법을 찾아야 했다. 자동차의 배기가스를 이용하자고 남자 친구가 제안했고 기젤라가 동의했다.

남자 친구는 배기 호스를 왼쪽 차창 틈에 끼워 넣었다. 남자 친구가 운전석에, 기젤라가 조수석에 앉았다. 그가 시동을 걸고 엑셀을 밟았다.

다음날 아침, 의식을 잃고 쓰러져 있는 두 사람이 발견되었다. 엔진은 계속 가동 중이었다. 기젤라는 죽고 남자 친구는 병원에서 살아났다. 그리고 법정에 섰다.

자살은 범죄가 아니다. 기젤라가 스스로 자동차 열쇠를 챙겨 혼자 자동차에 앉아 배기가스를 마셨더라면 아무 문제가 없다. 그러나 원치 않는 사람을 억지로 죽이는 것은 허용되지 않는다. 그런데 자살과 타살 중간이라면 어떻게 되는 걸까? 어떤 사람이 다른 사람에게 자살을 도와달라고 한다면?

누군가를 차로 쳐서 죽일 수 있게 자동차를 빌려주어 의도적으로 살인을 지원하고 돕는 것은 범죄이다. 그러나 자살은 범죄가 아니기 때문에 자살을 돕는 것 역시 범죄가 아니다. 남자 친구가 기젤라에게 자동차를 빌려주고 그녀가 혼자 그 안에서 죽게 했더라면, 두 사람 모두 범죄를 저지른 것이 아니었을 터이다.

그렇다면 어디까지 자살을 도와도 될까? 어떤 사람이 삶에 지친 사람에게 권총을 구해 주었을 뿐 아니라 그의 소원대로 방아쇠까지 당겨 주었다고 가정해 보자. 내가 나를 총으로 쏴도 된다면, 다른 사람이 나의 부탁을 받고 총을 쏴 주는 것도 괜찮아야 하지 않을까?

그러나 묻고 싶다. 삶에 지친 당사자가 마지막 단계를 스스로 걸을 만한 신체적 상황이 되는데도 왜 스스로 하지 않을까? 목숨을 끊고 싶은 소망이 그 정도로 절박하진 않은 걸까? 자살을 도와줄 사람에게 너무 힘든 딜레마를 안겨 주는 건 아닐까? 다른 사람의 죽음에 책임을 질 것인가, 고통 속에 살도록 둘 것인가. 독일 형법은 이 문제를 진지하게 다루고 '자살 조력'을 금지한다. 그러므로 요청을 받은 사람은 법을 근거로 간단히 거절할 수 있다. 그럼에도 거절하지 않고 자살을 도운 사람은 처벌을 받는다.

기젤라의 남자 친구는 자살을 도운 걸까 아니면 그녀를 죽인 걸까? 형사법원은 무죄를 선고했다. 기젤라는 스스로 자동차에 앉았기 때문에 스스로 목숨을 끊은 것이다. 남자 친구는 범죄가 아닌 일을 도왔을 뿐이다. 기젤라는 의식을 잃기 전에 언제든 내릴 수 있었다.

기젤라의 부모는 이 판결을 받아들일 수 없었고 결국 연방대법원까지 갔다. 다른 사람이 엑셀을 밟거나 방아쇠를 당기는 것이 차이를 만드는지 대법원은 숙고했다. 엑셀을 밟아 달라고 혹은 방아쇠를 당겨 달라고 부탁한 자살 당사자의 마음이 마지막 순간에 바뀔 수는 없을까? 마음을 바꾸지 않는 한, 그는 자신의 생명을 다른 사람 손에 맡기는 것이다. 다른 사람이 그를 죽인다. 기젤라의 사건에서 남자 친구가 엑셀을 밟았다. 방아쇠를 당겼다. 그러므로 남자 친구는 자살조력죄로 처벌을 받아야 한다.

기젤라 사건은 법이 무엇을 중시하는지 명확히 보여 준다. 나는 자살해도 된다. 이때 다른 사람이 나를 도와도 된다. 그러나 나는 나의 생명을 다른 사람 손에 온전히 맡겨선 안 된다. 어느 누구도 뒤로 물러나면서 "네가 대신 해 줘!"라고 말해선 안 된다. 자살을 원하는 사람은 직접 엑셀, 방아쇠, 단추를 눌러야 한다.

누가 단추를 누르느냐가 중요하다. 이 기준은 아주 명확해서 불치병으로 자연사가 임박했을 때도 이를 이용했다. 현대 의학은 이런 죽음을 며칠, 몇 달, 몇 년씩 늦출 수 있다. 그러나 어느 누구도 원치 않는 치료를 받을 필요가 없다. 의사가 환자의 의지에 반하는 치료를 하면, 의사는 상해죄를 저지르는 것이다. 환자의 '사전의료의향서'를 통해 환자의 의지를 확인할 수 있다. 친구, 친척 혹은 의사에게 자신의 뜻을 미리 표현할 수 있는 것이다.

환자는 의사에게 인공호흡기를 달지 말라고, 자연스럽게 죽도록 두라고 요구할 수 있다. 의사가 환자의 요구에 따라 아무것도 하지 않는 것을 '소극적 안락사'라고 부른다. 소극적 안락사는 범죄가 아니다. 그러나 이미 연명 치료를 받고 있다면 누군가가 인공호흡기를 떼야 한다. 이것은 다른 사람이 대신 단추를 누르는 것과 같다. '적극적 안락사'로서 요구에 의한 범죄적 살해인 것이다. 안락사에서는 옛날부터 능동과 수동, 작위와 방조 사이의 경계선을 중요하게 여겼다.

2007년에 한 변호사가 이 경계선에 도전장을 냈다. 그는 크리스마스 직전에 한 남매로부터 전화를 받았다.

남매는 방금 요양 병원에서 쫓겨났다. 그 병원에는 5년 전에 뇌출혈로 식물인간이 된 어머니가 누워 있다. 어머니는 왼쪽 팔을 절단했고 배에 낸 구멍으로 호스를 집어넣어 위에 직접 음식물을 주입해야 한다. 76세, 체중 40킬로그램. 호전될 전망은 전혀 없다.

어머니는 뇌출혈로 쓰러지기 전, 딸에게 연명 치료를 하지 말라고 말했다. 때가 되면 더는 호스를 통해 먹고 숨 쉬고 싶지 않다고. 그러나 요양 병원은 호스 제거를 거부했다. 그래서 딸이 몰래 호스를 뗐다. 하지만 금세 들켜서 다시 관이 연결되었고 남매는 병원 출입 금지 명령을 받았다. 이때 남매가 요양 병원 앞에서 변호사에게 전화를 한 것이다.

변호사는 위에 연결된 호스를 당장 잘라버리라고 조언했다. 남매는 다시 몰래 병실로 들어갔고 딸이 변호사의 말대로 했다. 병원 원장이 경찰에 신고해 어머니는 다시 '구조'되었다. 어머니는 나중에 1월 5일에 자연사했다. 딸은 무죄를 선고받았다. 변호사의 조언을 따랐기 때문이다. 이 사건을 조종한 사람이 변호사였고 그래서 살인 미수의 책임은 변호사가 져야 했다.

누가 단추를 누르느냐가 중요하다. 이 기준대로라면 이 사건은 명확하다. 남매는 위에 호스를 연결하지 않고 인공호흡기를 켜지 않고 혹은 관에 음식물을 넣지 않음으로써 어머니의 소망대로 자연스럽게 죽게 내버려 둘 수도 있었다. 그랬으면 합법적인 소극적 안락사였을 터이다. 그러나 호스를 자르는 것은 방아쇠를 당기는 것처럼 능동적 행위다. 호스를 자르는 것은 죽게 내버려 두는 게 아니라 죽이는 것이다.

이 기준은 아주 명확하지만 그만큼 허점도 명확하다. 누가 살아야 하고 누가 죽어도 되는지, 누가 처벌을 받고 누가 아닌지를 우연한 외적 상황이 결정하는 경우가 종종 생긴다. 예를 들어 어떤 환자가 의식불명 상태라 거부 의사를 밝히지 못해 인공호흡기를 달았을 경우. 혹은 작위와 부작위 사이의 미세한 차이를 깊이 생각하지 않았기 때문에 호스에 음식물 넣기를 중단하는 대신 호스를 잘랐을 경우. 변호사는 작위와 부작위의 차이에 대해 문제 제기를 했다.

2010년 여름, 이 사건은 연방대법원에 도착했다. 그곳에서 변호사는 의구심을 피력했다. 우리는 능동과 수동, 작위와 부작위의 차이로 자기 자신을 속이고 있지 않나? 우리는 중병을 앓는 환자가 모르핀 같은 진통제를 맞는 것을 허락한다. 모르핀은 부작용을 일으켜 사망을 앞당길 수도 있다. 솔직히 그것 역시 능동적 행위에 의한 살해이다. 그러나 우리는 그것을 '간접적 안락사'라고 부르며 처벌하지 않는다. 법은 환자의 '사전의료의향서'로 환자의 자기 결정권을 명확히 인정한다.

법원은 이 기회에 모순을 없애고자 했다. 그래서 법원은 잣대를 바꿨다. 자연사가 임박했을 때는 누군가 단추를 누르느냐 그냥 아무것도 하지 않느냐는 중요하지 않을 수 있다. 중요한 것은 환자가 무엇을 원하느냐이다. 환자는 자신의 죽음을 방해받지 않을 권리가 있다. 기계를 애초에 켜지 않든, 켜진 기계를 끄든 상관없이 우리는 환자의 이 권리를 존중해야 한다.

변호사는 승소했다. 이 판결에 따라 이제 죽고자 하는 사람에게는 두 가지 가능성이 있다. 자연사가 임박했을 때 죽음을 막지 말라고 요구할 수 있다. 인위적으로 죽어야 할 때는 자기 손으로 직접 해야 한다.

아무리 기다려도 죽음은 E씨를 찾아오지 않았다. 상태가 매일 악화되었다. 거의 먹을 수도 마실 수도 없고 더는 아무것도 볼 수 없었다. 통증이 견딜 수 없이 심했다. 그러나 그녀는 살아 있었다.

E씨는 의사에게 전화를 해서 약속한 도움을 청했다. 그녀는 1984년 4월 17일을 죽음의 날로 잡았다. 약물은 사이안화칼륨으로 정했다. 그것이 신속하고 정확하게 그녀를 죽일 터였다. 저녁 8시경에 그녀는 의사를 맞았고 도움에 감사를 표했다. 잠시 후 그녀는 종이컵을 들고 지인들과 함께 둘러앉았다. 의사는 종이컵에 사이안화칼륨 4그램을 넣었다. 여러 사람을 죽이기에도 충분한 양이었다. 의사가 방에서 나가자 E씨는 약물을 단숨에 삼키고 지인들의 품에서 죽었다.

의사는 범죄를 저지른 것일까? 그는 E씨가 죽을 수 있도록 모든 준비를 해 주었지만, 종이컵을 입에 가져간 사람은 E씨 자신이었다. 그녀가 직접 단추를 눌렀다. 의사는 처벌받지 않는 자살을 위해 처벌받지 않는 조력을 제공한 것이다.

그러나 이것으로 끝이 아니다. 의사의 처벌 여부 외에 또 다른 문제가 있다. 사회는 E씨의 죽음을 허락해도 되나? 그녀의 죽음을 지켜본 지인들이 고발되었다. 자살을 방조했다는 이유로. 불행한 사건을 목격한 사람은 최선을 다해 도울 의무가 있기 때문이다.

자살이 불행한 사건일까? 연방대법원의 재판관들이 E씨의 사건 30년 전에 이미 이 물음에 대해 논쟁했다. 한 남자가 새벽에 퇴근하여 집에 왔을 때, 부엌의 가스관 세 개에서 가스가 새고 있었다. 침대에 누워 있는 아내의 얼굴색은 초록색이었고 입에서는 거품이 흘렀다. 남편은 도움을 청하지 않은 채 의식을 잃은 아내 옆에 세 시간이나 앉아 있었다. 결국 그녀의 애인이 그녀를 구했다. 남편은 방조죄로 고발되었다.

1954년이었다. 어떤 재판관은 주장했다. 불행은 당사자가 예상하지 못한 사건일 때만 가능하기 때문에 스스로 목숨을 끊으려는 사람에게 죽음은 불행이 아니다. 그는 다른 사람이 구해 주기를 바라지 않는다.

어떤 재판관은 반대로 생각했다. 가스 밸브를 연 모두가 죽기를 바라는 건 아니다. 어떤 사람들은 구조되기를 바란다. 당사자가 아닌 이상, 구조를 원하는지 아닌지 어떻게 빠르고 정확하게 판단할 수 있겠는가?

여기에 두 번째 주장이 더해진다. 불행한 사건을 목격한 사람은 최선을 다해 도울 의무가 있다고 규정하는 법은 위기에 처한 사람만 보호하는 게 아니다. 그것은 사회의 근간도 보호한다. 서로를 돕는 것이 사회의 근간이다. 그리고 갑자기 생명이 위급한 사람을 못 본 체하지 않는 것도 거기에 속한다. 설령 그런 불행한 상황을 자처했더라도 마찬가지다. 말하자면 죽고자 하는 사람에게는 자살이 불행한 사건이 아닐 수 있다. 그러나 사회적 관점에서는 항상 불행한 사건이다. 당시 연방대법원에서는 이 주장이 관철되었고 남편은 처벌되었다.

1987년에 법원은 E씨의 지인들 역시 불행한 사건의 현장에 있었다고 판결했다. 기본적으로 그들은 E씨가 독을 마시지 못하게 막았어야 했다. 그러나 법원은 예외를 적용했다. 그 근거는 한 단어였다. 구조. E씨는 구조될 필요가 없었다. 그녀는 질병 때문에 너무나 고통스러워했기 때문이다.

E씨의 죽음 이후 의사는 다른 여성 환자에게 독약을 주입해 주기로 했다. 온몸이 모두 마비되었기 때문에 그녀는 혀에 주사를 맞아야 했다. E씨의 사례와 달리 이번에는 경찰이

의사의 계획을 미리 알았다. 명확하게 하기 위해 의사가 직접 경찰에 알렸기 때문이다. 경찰이 출동하여 의사를 막았다. 어떤 사람이 범죄를 저지르든지 아니든지 상관없이 모든 사람의 생명을 보호하는 것이 경찰의 임무라고 법원은 판결했다. 비록 의사가 범죄를 저지른 것이 아니더라도, 사회가 그런 행위를 기대하지 않는다는 것을 법은 이런 방식으로 보여 준다.

　2009년 독일법원은 조직적 안락사를 금지했다. 조직적 안락사는 범죄가 아니지만 '사회적으로 인정되지 않는다'. 그것 때문에 감옥에 가진 않지만 국가가 그것을 금지할 수 있다. 자살을 돕는 것이 신발 수리처럼 제공되어선 안 된다. 이 글귀가 생기는 동안 연방의회는 상업적 안락사 역시 범죄로 규정했다.

요약하면, 시한부 환자가 의료적 도움을 거절하면 법은 환자의 뜻을 존중한다. 아프든 건강하든 자살을 원하는 사람은 자살을 해도 된다. 단, 다른 사람이 그에게 독을 주입해선 안 된다. 하지만 공공연하지 않게 조용히 독을 마련해 주는 것은 괜찮다. 어떤 사람이 독을 삼키려 하면 목격자는 그것을 말려야 한다. 그러나 E씨처럼 삶이 고통인 것이 명확하여 죽고자 하는 소망이 타당해 보일 때는 예외를 인정한다. 그 외의 모든 경우에는 혼자 몰래 독을 마셔야 한다.

　이 모든 것이 모순처럼 들리겠지만 공통된 원칙이 하나

있다. 인간이 스스로 목숨을 끊는 것을 사회는 원치 않는다. 그러나 사회는 자살을 선택할 수밖에 없는 힘겨운 상황이 있다는 것을 이해한다. 이 견해는 앞에서 언급했던 아리스토텔레스와 쇼펜하우어의 주장을 조합한다. 한편으로 삶의 공포가 죽음의 공포를 압도할 수 있다. 다른 한편으로 자살은 사회에 해를 끼친다.

이것으로 우리는 처음의 질문으로 다시 돌아왔다. 삶의 공포가 죽음의 공포를 압도할 때는 언제일까? 당사자 대신 사회가 그것을 결정해도 될까? 법은 이런 상황을 어떻게 처리해야 할까?

독일 형법에는 이와 비슷한 특징을 가진 사례가 하나 있다. 낙태. 이것은 기본적으로 범죄이고 법원은 모든 살해를 금지한다. 그러나 여기서도 예외가 인정된다. 생명에 반하는 결정 이외에 달리 해결책이 없는 힘겨운 상황에서의 낙태는 인정된다. 어떤 갈등이 예외적 상황인지를 사회가 판단할 수는 없다. 그러나 사회는 임신부가 먼저 생명을 위한 도움과 전망과 조언을 구하기를 요구한다. 이런 조언을 구한 후, 빠르면 사흘 뒤에 의사가 완전히 공식적으로 임신중절수술을 할 수 있다. 단, 임신 12주가 넘어선 안 된다. 비록 사회는 살해를 바라지 않더라도 임신부를 힘겨운 상황에 홀로 내버려 두지 않는다.

이런 원칙이 자신의 삶과 힘겹게 싸우는 사람들을 대하는 모범으로 적당할까? 비록 이것이 E씨의 삶을 구하진 못했겠지만 그녀가 절망 속에서 사회의 가장자리로 밀려나게 내버려두진 않았을 터이다.

법은 얼마나 정의로운가

개정판

1판 1쇄 발행 | 2017년 1월 18일
2판 1쇄 발행 | 2023년 8월 11일

지은이 폴커 키츠
옮긴이 배명자
펴낸이 김기옥

경제경영팀장 모민원
기획 편집 변호이, 박지선
마케팅 박진모
경영지원 고광현, 임민진
제작 김형식

디자인 나은민
인쇄 · 제본 민언프린텍

펴낸곳 한스미디어(한즈미디어(주))
주소 04037 서울특별시 마포구 양화로 11길 13(서교동, 강원빌딩 5층)
전화 02-707-0337 | 팩스 02-707-0198 | 홈페이지 www.hansmedia.com
출판신고번호 제 313-2003-227호 | 신고일자 2003년 6월 25일

ISBN 979-11-6007-952-4 03360